Niklas Holzberg

Die römische Liebeselegie

Eine Einführung

WBG

Einbandgestaltung: Neil McBeath, Stuttgart.
Einbandbild: Szene im Frauengemach.
Römisches Mosaik, 1. Jahrhundert n. Chr.
Wien, Kunsthistorisches Museum.
Foto: AKG Berlin/Erich Lessing.

Die Deutsche Bibliothek – CIP-Einheitsaufnahme
Ein Titeldatensatz für diese Publikation ist bei
Der Deutschen Bibliothek erhältlich.

Das Werk ist in allen seinen Teilen urheberrechtlich geschützt.
Jede Verwertung ist ohne Zustimmung des Verlages unzulässig.
Das gilt insbesondere für Vervielfältigungen,
Übersetzungen, Mikroverfilmungen und die Einspeicherung in
und Verarbeitung durch elektronische Systeme.

2., völlig überarbeitete Auflage
© 2001 by Wissenschaftliche Buchgesellschaft, Darmstadt
Gedruckt auf säurefreiem und alterungsbeständigem Papier
Printed in Germany

Besuchen Sie uns im Internet: www.wbg-darmstadt.de

ISBN 3-534-15041-4

Claire de Lune
σὺν χάριτι

INHALT

Vorwort zur zweiten Auflage		IX
1.	Der Gattungstyp „Römische Liebeselegie"	1
1.1	Literarische Entstehungsvoraussetzungen	4
1.2	Soziale Entstehungsvoraussetzungen	17
2.	Gallus	31
3.	Properz	36
3.1	Das erste Buch	38
3.2	Das zweite Buch	48
3.3	Das dritte Buch	57
3.4	Das vierte Buch	67
4.	Das *Corpus Tibullianum*	76
4.1	Tibull	77
4.1.1	Das erste Buch	79
4.1.2	Das zweite Buch	90
4.2	Pseudo-Tibull	98
5.	Ovid, *Amores*	110
5.1	Das erste Buch	113
5.2	Das zweite Buch	122
5.3	Das dritte Buch	130
Bibliographie		141
Personen- und Sachregister		156

VORWORT ZUR ZWEITEN AUFLAGE

Die erste Auflage dieses Buches, die 1990 erschien, stand noch ganz im Zeichen einer Interpretationsmethode, die, auch wenn sie von der modernen Literaturwissenschaft nicht ganz unbeeinflußt war, doch noch im wesentlichen die Tradition der biographischen Interpretation antiker Poesie fortsetzte. Angewandt wurde diese Methode vor allem in deutschsprachigen Untersuchungen zum Thema, an die ich hauptsächlich anknüpfte. Nun wurde aber etwa seit der Mitte der achtziger Jahre des 20. Jahrhunderts die Erforschung der römischen Poesie auf eine gänzlich neue Grundlage gestellt, und zwar vor allem von amerikanischen, englischen und italienischen Altphilologen, die in weit höherem Maße, als es jemals zuvor geschehen war, bei der Erklärung der antiken Texte die Erkenntnisse von Literaturtheoretikern berücksichtigten. Natürlich ist manches von dem, was unter diesen Voraussetzungen über die römische Liebeselegie geschrieben wurde, so sehr dem Zeitgeist verpflichtet, daß es schon bald ebenso überholt sein wird wie die allzusehr vom Historismus des 19. Jahrhunderts geprägten Untersuchungen, die vorher das Feld beherrschten. In dieser Neuauflage der Einführung, die ich so gut wie ganz neu geschrieben habe, versuche ich, einen Mittelweg zwischen den Extremen zu gehen. Einerseits lehne ich mich in vielen Punkten an die „New Latinists" an, und zwar an diejenigen unter ihnen, deren Arbeiten auch relativ konservativen Altphilologen selbst dann, wenn sie anderer Meinung sind, seriös erscheinen dürften. Andererseits berücksichtige ich selbstverständlich die Forschungsergebnisse der „Klassiker" des Fachs, ohne die sogar die „Extremisten" hilflos wären. Dementsprechend dominieren in der Bibliographie die einschlägigen Publikationen der letzten fünfzehn Jahre, aber es sind auch alle Arbeiten aufgeführt, die man auf jeden Fall immer einsehen sollte, z.B. Dissens Tibull-Kommentar von 1838. Da die Forschungsliteratur zur augusteischen Dichtung in jüngster Zeit so umfangreich wurde, daß sie nicht mehr zu überblicken ist, mußte ohnehin eine Auswahl getroffen werden. Und im Hinblick darauf, daß eine Einführung sich an einen möglichst breiten Leserkreis wendet, wurden aus den fremdsprachlichen Untersuchungen überwiegend die englischen ausgewählt.

Das viele Neue, das ich in den letzten elf Jahren über die römische Liebeselegie gelernt habe, verdanke ich nicht nur Büchern und Aufsätzen, sondern auch direkten Kontakten mit Forschern innerhalb und außerhalb Deutschlands. Bei der Nennung von Personen beschränke ich mich auf diejenigen Freunde und Kollegen, von deren Untersuchungen, Äußerungen in Diskussionen und privaten Gesprächen sowie Briefen ich ganz besonders für diese Einführung profitiert habe: Alessandro Barchiesi, Joan Booth, Gerlinde Bretzigheimer, Alberto Cavarzere, Gian Biagio Conte, Barbara Feichtinger, Monica Gale, Judith Hallett, Stephen Hinds, Alison Keith, Rupert Köchy, Mario Labate, Guy Lee, Jim McKeown, John Miller, Peter von Möllendorff, Fritz Heiner Mutschler, Sara Myers, Christoff Neumeister, Hans Peter Obermayer, Alison Sharrock, Marilyn Skinner, Jula Wildberger und Maria Wyke. Ihnen allen sei an dieser Stelle herzlich gedankt, insbesondere Peter von Möllendorff, der das Manuskript kritisch durchsah und mir wertvolle Verbesserungsvorschläge machte. Außerdem gilt mein Dank den beiden Freunden Hartmut Längin und Sven Lorenz, die mir bei den Korrekturen halfen und ebenfalls wichtige Hinweise gaben.

München, im Oktober 2000   Niklas Holzberg

1. DER GATTUNGSTYP „RÖMISCHE LIEBESELEGIE"

In seiner Übersicht über die Gattungen der antiken Literatur in Buch 10 der *Institutio oratoria* nennt Quintilian als römische Vertreter der Elegie Tibull, Properz, Ovid und Gallus (1.93). Da es im Rom der späten Republik und der frühen Kaiserzeit nachweislich mehr als diese vier Elegiker gab – hier wäre z. B. Catull als Verfasser von *c.* 65–68 anzuführen –, präsentiert der Rhetor uns offenbar nur den Kanon der römischen „Klassiker" des Genres. Durch drei Stellen bei Ovid, an denen dieser sich selbst mit den drei anderen Elegikern zu einem Dichterquartett vereint (*Ars* 3.535–538; *Rem.* 763–766; *Trist.* 4.10.51–54), wird das bestätigt. Hinzu kommt, daß die vier Elegiker Gedichtsammlungen publizierten, die einander in Aufbau und Motivik sehr ähnlich waren. Zwar ist die Sammlung des Gallus, die wahrscheinlich wie Ovids erstes elegisches Werk den Titel *Amores* trug, verlorengegangen, aber es darf als einigermaßen sicher gelten, daß sie mit den Sammlungen des Properz, Tibull und Ovid, deren strukturelle und stoffliche Verwandtschaft deutlich erkennbar ist, folgendes gemeinsam hatte: In einer Serie von Gedichten sprach ein elegisches Ich, das sich als Verfasser dieser Poesie ausgab, von seinen überwiegend leidvollen Liebeserfahrungen – diese dürften durch das Wort *amores*, mit dem vielleicht auch Properz und Tibull ihre Sammlungen überschrieben, bezeichnet sein – und verwendete dabei immer wieder ganz bestimmte Topoi, die seine Grundhaltung gegenüber der von ihm geliebten Person zum Ausdruck brachten Auf diese Person, eine *puella* namens Lycoris, konzentrierte sich die Liebe des Ich-Sprechers bei Gallus, während bei Properz eine Cynthia und bei Ovid eine Corinna im Zentrum stehen; lediglich Tibulls *persona* liebt, da seine Sammlung eine Abfolge von Elegienzyklen darstellt, drei Personen: Delia, Marathus und Nemesis.

Da es unter den antiken Elegien, soweit sie erotischer Natur sind, auch solche gibt, in denen ein elegisches Ich nicht als Autor der Verse spricht, sondern als eindeutig fiktive Person – z. B. als mythische Figur –, pflegte man bis in jüngere Zeit die erhaltenen Gedichte, in denen die *personae* des Properz, Tibull und Ovid von ihren *amores* erzählen, als „subjektiv-erotische" von „objektiv-erotischen" Elegien dieser und anderer Dichter zu unterscheiden. Dabei rechnete man zur zweiten Gruppe sowohl die Gedichte, die nur aus der elegischen Rede eines vom Ich des Dichters auf jeden Fall verschiedenen Ich bestehen – z. B. Catulls *c.* 66, die Klage der Locke der Berenike –, als auch elegische Erzählungen mit erotischer Thematik wie die Geschichte von Akontios und Kydippe in den *Aitia* des Kallimachos (Frg. 67 ff. Pf.). Diese Kategorisierung darf jedoch heute als überholt gelten, da man im Gegensatz zur älteren Forschung den „ich" sagenden *poeta/amator* in den Elegien des Properz, Tibull und Ovid nicht mehr mit der realen Person des Dichters gleichsetzt, und das mit Recht: Was der sich als verliebter Poet vorstellende Sprecher der *Amores*-Dichtung über seine Liebeserfahrungen berichtet, ist ebenso fingiert wie das, was wir von der Locke oder durch den Erzähler des Akontios-Mythos erfahren. Denn die Figur des *poeta/amator* bei Properz, Tibull und Ovid ist ebenso wie diejenige der *puella* (bzw. des Knaben Marathus) ein Konstrukt. Bei allen drei Elegikern werden ein junger Mann aus gutem Hause, der als Dichter, nicht jedoch als Liebhaber erfolgreich ist, und eine schöne junge Frau, die die Züge einer Hetäre trägt und dem *poeta/amator* immer wieder untreu ist, miteinander konfrontiert. Durch Variieren der mit dieser Konstellation verbundenen poetischen Motive, die in einer jahrhundertealten literarischen Tradition stehen, formt der Elegiker die „Geschichte" der *amores* seiner *persona* und verbindet damit eine bestimmte Wirkungsintention.

Das von römischen Dichtern angesprochene Publikum war

– so darf man allein schon aus der Tatsache folgern, daß Texte vom Autor zunächst für einen relativ kleinen Kreis von Zuhörern bei Rezitationen bestimmt waren –, primär die Oberschicht des zeitgenössischen Rom. Nun ist der Abschnitt der römischen Geistesgeschichte, in dem die *Amores*-Dichtung der vier „Klassiker" entstand, ziemlich genau mit der historisch relativ gut erfaßten und in sich geschlossenen Epoche des Übergangs von der Republik zum Prinzipat identisch, so daß die Voraussetzungen für eine Rekonstruktion der Produktions- und Rezeptionsbedingungen recht günstig erscheinen. Die vier Bücher umfassenden *Amores* des Gallus dürften nicht lange vor dem Beginn der dreißiger Jahre des 1. Jahrhunderts v. Chr. und die drei Bücher *Amores* Ovids bald nach 16 v. Chr. entstanden sein; dazwischen liegt die Publikation der vier Elegienbücher des Properz etwa 28, 26, 24 und 16 v. Chr. und der beiden Bücher Tibulls etwa 27 und 19 v. Chr. Ovid verfaßte außer den *Amores*, seinem Erstlingswerk, noch mehrere elegische Dichtungen und darunter auch solche erotischen Inhalts, aber er setzt darin nicht mehr die Maske des „ich" sagenden *poeta/amator* auf. Nach seinem Tod um 17 n. Chr. entstand dann doch noch eine Elegiensammlung, deren Sprecher in den Gedichten 1–6 und 19–20 ein elegisch verliebter Dichter ist: das dritte Buch des *Corpus Tibullianum*. Doch hierbei handelt es sich, da der Verfasser sich fälschlich Tibull nennt, um ein Pseudepigraph und damit bereits um ein Textzeugnis für das Nachleben des Gattungstyps. Wahrscheinlich ist die Sammlung erst um 100 n. Chr. zu datieren.

Es ist also in etwa die Zeit vom Beginn der militärischen Erfolge Oktavians (43 v. Chr.) bis zur Etablierung seiner Monarchie und damit die Phase vom Wiederaufflammen der Bürgerkriege bis zu den letzten Feldzügen des Prinzeps vor dem Gelöbnis des Baus der *Ara Pacis* (13 v. Chr.), in der die „Klassiker" der *Amores*-Dichtung entstanden. Da fällt es natürlich auf, daß die vier Ich-Sprecher sich statt zu einem Leben für den Krieg, der ja die Epoche wesentlich prägt, zu einem ganz der Liebe geweihten Dasein bekennen. Gewiß, der Gedanke, daß ein junger Mann der *militia* im Dienste eines Feldherrn diejenige im Dienste Amors vorzieht, ist schon in der erotischen Dichtung der Griechen ein Motiv. Aber die große Bedeutung dieses Motivs bei Properz, Tibull und Ovid sowie die Tatsache, daß es in direkter Bezugnahme auf zeitgenössische Militäraktionen verwendet wird, machen es wahrscheinlich, daß die römische Variante der Parole „make love, not war" die Leser der Augusteischen Epoche besonders ansprach. Folglich wird, wenn ich mich jetzt der Frage nach den Ursprüngen der *Amores*-Dichtung zuwende, die Erörterung der sozialen Entstehungsbedingungen eine wichtige Rolle zu spielen haben. Doch da die Wurzeln der römischen Elegie bis in die Epoche der archaischen griechischen Poesie zurückreichen, beginne ich mit einer Behandlung des Problems im Rahmen der Gattungsgeschichte.

1.1 Literarische Entstehungsvoraussetzungen

Für die *Amores*-Dichtung des Gallus, Properz, Tibull und Ovid wird allgemein der Begriff „römische Liebeselegie" verwendet. Dadurch kann der Eindruck entstehen, es handle sich hier um eine eigene Gattung. Doch wir haben es nur mit der Sonderform einer solchen, also einem Gattungstyp, zu tun. Das elegische Gedicht ist als literarisches Genre bereits seit der Mitte des 7. Jahrhunderts nachweisbar und thematisch keineswegs auf Erotik beschränkt. Inhaltlich bilden die ersten Elegien eine Art Gegenstück zum Epos, da das poetische Ich, das in der erzählenden Gattung als Person hinter seinem Stoff zurücktreten mußte, hier Gelegenheit bekam, seinen Gedanken zu den verschiedensten Lebensfragen direkt Ausdruck zu verleihen. Unter solchen Bekundungen persönlicher Anliegen herrscht in den ältesten uns überlieferten Elegien die Ermahnung und Belehrung vor. Kallinos von Ephesos und der Spartaner Tyrtaios (beide um 650 v. Chr.) fordern in elegischen Gedichten, die bei Symposien gesungen und von dem *aulós*, einer Art Flöte, begleitet wurden (für die römische Elegie gilt das nicht mehr), ihre Landsleute zu tapferem Kampf gegen die Feinde auf. Das für die Anfänge der Gattung besonders charakteristische paränetische Sprechen ist dann auch noch ein Merkmal der *Amores*-Dichtung. Dort haben mahnendes Zureden mit dem Zweck des Werbens um die Gunst der bzw. des Geliebten und erotodidaktische Unterweisung des Lesers, der Freunde des *poeta/amator* und der *puella* bzw. des Knaben ihren festen Platz.

Der Gattungsname freilich weckte bei den Römern nicht primär Vorstellungen von einem Gedicht, das Paränese und erzieherisches Einwirken auf den Rezipienten artikuliert. Etwa seit dem Ende des 5. Jahrhunderts v. Chr. gebrauchte man das Wort Elegie (griech. zunächst *élegos*, dann *elegeía*) im Sinne von „Klagegesang". Dies ist jedoch nichts weiter als eine volksetymologische Ableitung von *e e légein* (griech. „'Wehe, wehe!' rufen"), zu der es wahrscheinlich deswegen kam, weil das Versmaß der Elegie, das aus einem daktylischen Hexameter und einem daktylischen Pentameter bestehende elegische Distichon (griech. *elegeîon*), in Griechenlands klassischer Zeit für Grabepigramme verwendet zu werden pflegte. Wie in der Antike allgemein üblich, wurde eine Gattung nicht nach inhaltlichen, sondern nach formalen Kriterien, also im Hinblick auf das Metrum, definiert. Thematisch bot die frühe griechische Elegie zur Bezeichnung als Klagegesang keinen Anlaß, da sie als solcher, soweit wir wissen, nicht fungierte; der Gattungsname ist möglicherweise mit dem armenischen Wort *elegn* verwandt, das „Flöte, Schilf" bedeutet. Doch in der römischen Liebeselegie spielt Klage eine beherrschende Rolle, da die Gedichte oft von leidvollen Erfahrungen des Ich-Sprechers mit der Person, die er liebt, ihren Ausgang nehmen. Dazu paßt es, daß in Ovids Gedicht *Am.* 3.9 der *poeta/amator* aus Anlaß des Todes Tibulls die personifizierte Elegie dazu auffordert, *flebilis* („klagend") ihr Haar zu lösen (V. 3).

Inwieweit die *Amores*-Dichtung in ihrem Umgang mit der

erotischen Thematik an die Tradition der griechischen Elegie der archaischen, klassischen und hellenistischen Epoche anknüpfte, läßt sich nicht mehr eindeutig feststellen, da uns viele Texte wichtiger Vorläufer der römischen Elegiker nur in wenigen Fragmenten oder gar nicht überliefert sind. So wissen wir z. B. nicht, ob die in der zweiten Hälfte des 7. Jahrhunderts v. Chr. von Mimnermos von Kolophon verfaßten Elegien, die von den Alexandrinern in einer Sammlung mit dem Titel *Nanno,* dem Namen einer Flötenspielerin, vereint wurden, von den Liebeserfahrungen des Ich-Sprechers mit dieser Frau erzählten. In den erhaltenen Bruchstücken ist Erotik lediglich Teil allgemeiner Reflexionen über Jugend und Vergänglichkeit, verbunden mit der Aufforderung – wieder stoßen wir auf paränetisches Sprechen –, die Liebe zu genießen, solange es sich altersmäßig schickt. Der *Amores*-Dichtung näher verwandt sind die erotischen Gedichte in der unter dem Namen des Theognis überlieferten Elegiensammlung, die in der zweiten Hälfte des 6. Jahrhunderts v. Chr. oder vielleicht schon hundert Jahre früher entstand. Aber diese Elegien, in denen es um Knabenliebe geht, haben nur den Umfang von Epigrammen. Interessanter für die Entwicklung der erotischen Elegie ist Antimachos von Kolophon mit seiner Ende des 5./Anfang des 4. Jahrhunderts v. Chr. entstandenen Gedichtsammlung *Lyde.* Dabei handelte es sich vermutlich um eine Aneinanderreihung von Mythen überwiegend erotischen Inhalts und mit tragischem Ausgang. Antimachos, der das Werk Lyde, seiner verstorbenen Frau, widmete, gab damit offenbar hellenistischen Elegikern wie Hermesianax von Kolophon (um 300 v. Chr.) und Philetas von Kos (um 320–270 v. Chr.) die Anregung, Geschichten von unglücklich Verliebten des Mythos im Rahmen umfangreicher Katalogelegien zusammenzustellen. Die erotischen Erlebnisse mythischer Gestalten erscheinen bei den römischen Elegikern, vor allem bei Properz und Ovid (deren Vorläufer auch hier Gallus gewesen sein dürfte), häufig als exemplarische Entsprechungen oder als (bisweilen ironisch gefärbte) Gegenbilder zu den erotischen

Erfahrungen des Ich-Sprechers, der die Bezugnahme meist durch einen kurzen Verweis oder eine Anspielung, ganz selten aber auch durch ausführliches Erzählen der von ihm angeführten Sage kenntlich macht.

Die bekannteste hellenistische Katalogelegie, die nur in Bruchstücken erhaltenen *Aitia* („Erklärungssagen") des Kallimachos (ca. 310–249 v. Chr.), übte auf die römischen Elegiker u. a. deshalb einen besonders großen Einfluß aus, weil durch sie die bei Antimachos erreichte Form dieses Gattungstyps erheblich verfeinert, ja eigentlich überwunden wurde. Der Verfasser der *Lyde* trat als Erzählerfigur offenbar nur am Anfang und am Ende seines Katalogs von Mythen in Erscheinung und präsentierte diese in der unpersönlichen Darstellungsweise des Epos sowie in der Sprache dieser Gattung. Die *persona* des Kallimachos dagegen war in den *Aitia* – das lassen die Fragmente noch erkennen – wie das Ich in einem römischen Elegienbuch ständig gegenwärtig und verwendete eine Diktion, die zum Vorbild für die gesamte klassische und nachklassische römische Dichtung werden sollte. Reich an Stilnuancen, literarischen Anspielungen und Pointen, ersetzte diese Sprache archaisches Pathos durch Witz und Ironie. Im Prolog zu den *Aitia*, in dem der Erzähler sich zu seinen Stilprinzipien äußert, sagt er einmal, er werde kritisiert, weil er „nicht einen einzigen, fortlaufenden Gesang vollendet habe entweder zur Verehrung von Königen oder auf Helden der früheren Zeit", sondern sein Wort nur „über eine kleine Strecke rolle wie ein Kind" (Frg. 1.3–6 Pf.). Alan Cameron hat gute Gründe dafür vorgebracht, daß Kallimachos sich hier von der episierenden Erzählweise des Antimachos, nicht vom Epos selbst absetze (1995, 303 ff.). Aber die römischen Dichter, die wie Kallimachos die kunstvoll ausgearbeitete Kleinpoesie als die für sie ideale Form von Dichtung wählten, verbanden dies dann doch mit der Erklärung, sie zögen das kurze Gedicht dem Epos vor. Nachdem erstmals Vergil eine solche Erklärung, die die Literaturwissenschaft *recusatio* („Weigerung") nennt, abgegeben hatte, und zwar an exponierter Stelle in seinem Eklogenbuch (6.3–5), wurde sie auch zu einem wichtigen Element in der Poetik der Elegiker. Bei Properz und Ovid ergreift der *poeta/amator* sogar mehrfach – meist wie bei Kallimachos im Prolog zu einem Buch – die Gelegenheit, die Entscheidung für den Verzicht auf die Abfassung eines Epos zu begründen.

Die *Aitia* des Kallimachos wirkten aber nicht nur stilistisch und darstellungstechnisch auf die römische Liebeselegie, sondern auch strukturell und motivisch. Den von ihm abgelehnten „fortlaufenden Gesang" des Antimachos, den er vermutlich als eintönig empfand, ersetzte der Dichter der *Aitia* offenkundig durch einen bunten Kranz von Mythen, in dem die einzelnen elegischen Erzählungen einerseits selbständige narrative Einheiten bildeten, andererseits nach einem sorgfältig durchdachten Bauplan aneinandergereiht und intratextuell durch zahlreiche offene und versteckte Bezüge miteinander verknüpft waren. Wir werden dieses Strukturprinzip bei der Analyse der römischen Elegiensammlungen, die wie die *Aitia* linear gelesen sein wollen, wiederfinden. Da das Werk des Kallimachos, in dem religiöser Kult, Brauchtum und Namen mythologisch erklärt wurden, auch mehrere erotische Geschichten enthielt, ergab sich für den Dichter die Gelegenheit, handelnde Personen von ihren Liebeserfahrungen und ihren erotischen Gefühlen erzählen und darüber reflektieren zu lassen. Beim Vergleich der einschlägigen Textabschnitte, die in den Fragmenten erhalten sind, mit den Gedichten der römischen Elegiker zeigen sich mehrere thematische Berührungen. So hat z. B. das griechische Vorbild für Catulls bereits erwähntes Gedicht, in dem die Locke der Berenike spricht (*c.* 66) – es ist bei Kallimachos ein Abschnitt am Ende von Buch 4 der *Aitia* (Frg. 110 Pf.) –, ein für die *Amores*-Dichtung besonders wichtiges Motiv aufzuweisen: die Situation der Trennung des elegischen Ich von der Person, die es liebt. Bei Properz, Tibull und Ovid kann der *poeta/amator* von der *puella* z. B. dadurch getrennt sein, daß sie ihm ein Rendezvous bei sich zu Hause verwehrt und er deshalb, auf der Schwelle vor ihrer Tür liegend, als *exclusus amator* seine Klage in Form eines Paraklausithyron (griech. für „Klage an der Tür") ertönen läßt. Dem entspricht es, wenn die Locke, die Berenike zum Dank für die Wiederkehr ihres Gatten von einem Feldzug den Göttern geweiht hat und die als Sternbild an den Himmel versetzt wurde, ihre Sehnsucht nach der Herrin in einer mit erotischen Ausdrücken und Motiven durchsetzten Elegie artikuliert.

In der Situation des *exclusus amator* befinden sich auch mehrfach die Ich-Sprecher der erotischen Epigramme, die uns in Buch 5 und 12 der *Anthologia Palatina* überliefert sind. Schon die Gedichte aus hellenistischer Zeit – die wichtigsten Verfasser sind Asklepiades von Samos (geb. ca. 320 v. Chr.) und wiederum Kallimachos, ferner Poseidipp von Pella (um 275 v. Chr.) sowie die beiden aus Gadara stammenden Dichter Meleager (ca. 130–60 v. Chr.) und Philodem (ca. 110–46 v. Chr.) – enthalten die meisten Motive antiker erotischer Poesie, die wir auch aus den römischen Elegien kennen. Sie gehen teilweise auf die Neue Komödie des 4./3. Jahrhunderts v. Chr. zurück. Dort finden wir z. B. die Liaison eines jungen Mannes aus gutem Hause mit einer Hetäre, und dem Typus dieser Frau entsprechen dann sowohl die weiblichen Figuren, denen die Ich-Sprecher der Epigramme ihre Liebe schenken, als auch die *puellae* bei den römischen Elegikern. Überdies spielen Frauen wie die Heliodora Meleagers und die Xanthippe Philodems in den Epigrammen, in denen sie auftreten, eine ganz ähnliche Rolle wie die Cynthia des Properz oder Ovids Corinna. Wir können also eine Art „Stammbaum" der Figur der elegischen *puella* erstellen, der mindestens bis zu den Hetären bei Menander zurückreicht, und gewinnen dadurch ein wichtiges Argument für die bereits kurz angesprochene These, daß Frauengestalten wie Cynthia poetische Konstrukte sind.

Das erotische Epigramm, in der spätklassischen Epoche der griechischen Literatur entstanden und wie die Elegie zunächst vermutlich beim Symposion vorgetragen, wurde im Hellenismus zusammen mit den Epigrammen über andere Themen zur Buchpoesie. Dadurch sowie aufgrund der Tatsache, daß das elegische Distichon als Versmaß die anderen für Epigramme verwendeten Metren fast ganz verdrängte, wurde die Gattung zur kleinen Schwester der Elegie. Aus der in byzantinischer Zeit zusammengestellten *Anthologia Palatina* wissen wir, daß es die in Buchform publizierte Sammlung ausgewählter Epigramme verschiedener Dichter, wie sie hier vorliegt, schon in der hellenistischen Epoche gab. Denn das Gedicht *AP* 4.1, eine Elegie von 58 Versen, ist die Vorrede Meleagers zu dem *Kranz*, einer nicht lange nach 100 v. Chr. von ihm redigierten Anthologie von Epigrammen, die er und andere Dichter verfaßt hatten. Untersuchungen Kathryn Gutzwillers (1998) haben wahrscheinlich machen können, daß Meleager auf Epigrammsammlungen zurückgreifen konnte, die von den Autoren selbst herausgegeben wurden, und daß diese nach Prinzipien strukturiert waren, die denjenigen augusteischer Gedichtbücher vergleichbar waren. Es spricht also viel dafür, daß die römischen Elegiker sich Anregungen für die Anordnung ihrer Gedichte nicht nur von den *Aitia* des Kallimachos, sondern auch von den hellenistischen Epigrammbüchern holten.

Bei dem Vergleich der römischen Liebeselegie mit archaischen, klassischen und hellenistischen Dichtungen in elegischen Distichen stehen wir, was unsere Kenntnis der griechischen Texte betrifft, mit den frühen erotischen Elegien, den erotischen Mythen in Katalogelegien und den erotischen Epigrammen wenigstens auf einigermaßen sicherem Boden. Fast gar nichts dagegen wissen wir über elegische Liebesgedichte griechischer Autoren, die im Umfang in etwa mit den römischen Elegien übereinstimmten und in denen wie in den erotischen Epigrammen ein *poeta/amator* von seinen Erfahrungen in der Beziehung zu einer Frau oder zu einem Knaben erzählte. Hatte man zeitweise geglaubt, daß sie gar nicht existiert hätten, so ergibt sich jetzt aufgrund von Papyrusfunden immerhin die Möglichkeit, daß Gallus, Properz, Tibull und Ovid auch diese Art von Gedicht in der griechischen Literatur vorfanden. Zwar stammen die Reste von vier Elegien, die wir in P. Oxy. 2884, 2885 und 3723 lesen, aus Buchrollen des 2. Jahrhunderts n.Chr., aber es gibt gute Gründe für die Datierung der Texte in hellenistische Zeit. Freilich läßt der lückenhafte Zustand der Gedichte nur eines erkennen: Äußerungen des elegischen Ich über seine eigenen *amores* bilden offenbar nur einen ganz schmalen Rahmen für breites Entfalten der jeweils einschlägigen mythischen Analogie. Bei den römischen Elegikern dagegen ist das Verhältnis zwischen den beiden Formen elegischen Sprechens in der Regel genau umgekehrt.

Vielleicht bildet eine frühe römische Elegie, das berühmte *Carmen* 68 des C. Valerius Catullus (ca. 84–55 v.Chr.), eine Übergangsstufe von den hellenistischen Elegien, in denen das Analogisieren großen Raum einnimmt, zu der augusteischen *Amores*-Dichtung. Gewiß, wie der *poeta/amator* hier seine Liebe zu einer Frau mit der Trauer um den Tod seines Bruders, mit seiner Freundschaft zu dem Gedichtadressaten Allius und mit dem heroischen Mythos zu einer gedanklichen Einheit verschmilzt, zeigt deutlich Verwandtschaft mit Elegien des Properz, die ein ähnlich dichtes Motivgewebe aufweisen. Aber mit Recht bemerkt Denis Feeney zu dem Catull-Gedicht: „What actually *happens* in 68? A man provides a house, a woman arrives – the rest is analogy and reflection, nested within the expression of thanks to Allius" (1992, 35). Allein schon die Tatsache, daß man sich in der Forschung bis heute nicht darüber einig ist, ob hier eine einzige Elegie vorliegt (was m.E. der Fall ist) oder der Text in mehrere Gedichte zu zerlegen ist, zeigt deutlich, daß *Carmen* 68 nicht auf jeden Leser so wirkt, als sei es wirklich aus einem Guß. Das kann natürlich vom Dichter beabsichtigt sein – wer das Gedicht nicht, wie es meist geschieht, biographisch interpretiert, kann darin ein experimentelles Spiel mit der Gattung erkennen –, aber die Möglichkeit, daß Catull direkt und ganz ernsthaft an Elegien wie die auf den Papyri erhaltenen anknüpfte, läßt sich nicht gänzlich von der Hand weisen.

Carmen 68 ist das letzte Gedicht in einer Reihe von vier Elegien Catulls, *c.* 65–68, die zusammen mit 48 Epigrammen in elegischen Distichen (*c.* 69–116) ein geschlossenes Ganzes bilden. Das kann man allein schon daran erkennen, daß es im ersten und letzten Gedicht um die Übersendung von Versen des Kallimachos an den jeweiligen Adressaten geht (65.16 und 116.2: *carmina Battiadae*). Was uns hier vorliegt, ist offenbar das älteste erhaltene römische Gedichtbuch, in das ausschließlich elegische Distichen aufgenommen sind. Zwar sind die *Carmina* Catulls in einem einzigen *Liber* überliefert, aber von den bisher vorgelegten Analysen des Aufbaus der Sammlung sind diejenigen am überzeugendsten, die zu folgendem Ergebnis kamen: Catull verteilte seine Gedichte auf drei Bücher, die *c.* 1–60, 61–64 und 65–116 als thematische Einheiten voneinander trennten, und publizierte sie als Trilogie. Buch 1, das wie Buch 2 und 3 im ersten Gedicht auf die Musen Bezug nimmt (1.10, 61.2, 65.2 f.), ist Cornelius Nepos gewidmet, besteht aus Epigrammen in verschiedenen Metren und trägt überwiegend jambischen Charakter, stellt also Invektive, Spott und derbe Erotik in den Vordergrund. Das Thema Hochzeit und Ehe dominiert in den vier langen Gedichten des zweiten Buches, die alle einen Bezug zu dem Gedichttyp des *epithalamium* („Hochzeitsgedicht") herstellen und sich offenbar an einen Manlius Torquatus als Adressaten wenden, und Buch 3, dessen erstes Gedicht (wahrscheinlich) den Redner Q. Hortensius Hortalus anspricht, vermischt elegische mit jambischer Thematik. Die hier vollzogene Kombination von elegischen und epigrammatischen Gedichten könnte sich an das Vorbild hellenistischer Bücher mit Gedichten in elegischen Distichen anlehnen. Denn in Meleagers *Kranz* wurde, wie wir gesehen haben, die Reihe der Epigramme durch ein Gedicht eingeleitet, das von seiner Länge her als Elegie zu bezeichnen ist.

Da die Gedichtgruppen 1–60 und 65–116, also die Bücher 1 und 3, mehrere *carmina* enthalten, in denen der „ich" Sagende von seinen Liebeserfahrungen mit einer Lesbia und einem

Juventius berichtet, und da diese Gedichte mit Elegien des Properz, Tibull und Ovid motivisch verwandt sind, lohnt es sich, einen kurzen Blick darauf zu werfen. In dem überwiegend jambischen Buch 1 kommt es immer wieder vor, daß der *poeta/amator* der Person, die er liebt, Vorwürfe macht und gleichzeitig die eigene *persona* lächerlich erscheinen läßt. Das hängt damit zusammen, daß er ganz offensichtlich weder bei Lesbia noch bei Juventius die volle Erfüllung seiner erotischen Wünsche findet. Gleicht er schon hierin einem elegisch Liebenden, so auch darin, daß er, besonders in seinem Verhältnis zu Lesbia, die wie die *puellae* der *Amores*-Dichtung Züge einer Hetäre trägt (und von der biographischen Interpretation ohne zwingende Gründe mit Clodia Metelli gleichgesetzt wird), eine Sprech- und Handlungsweise an den Tag legt, die auf die zeitgenössischen Leser feminin wirkte. In *c.* 16 spricht er davon, daß ein Furius und ein Aurelius ihm unter Verweis auf seine „vielen tausend Küsse" (*milia multa basiorum*) unterstellt hätten, er sei „kein richtiger Mann" (*male mas*). Er reagiert darauf zum einen mit der priapischen Androhung der *irrumatio* und *pedicatio* (orale und anale Penetration), die, weil sie wie eine übertriebene Trotzgebärde wirkt und weil von der Ausführung nichts gesagt wird, den Vorwurf erst recht bestätigt. Zum anderen sagt er, an sich gehöre es sich für einen rechtschaffenen Dichter, *castus* („sittsam") zu sein – damit meint er das Verhalten eines Mannes, wie es die römische Gesellschaft fordert –, aber Verse von der Art, wie er sie schreibt, müßten nun einmal *molliculi* („weichlich") und *parum pudici* („allzu wenig sittsam"), also „unmännlich" sein, da sie sonst nicht erotisch stimulieren könnten. Wir erfahren also etwas über die Wirkungsabsicht, die mit der Charakterisierung des *poeta/amator* als *vir mollis* („weichlicher Mann") verbunden ist, und das erscheint wichtig, da auch die Ich-Sprecher der *Amores*-Dichtung diese Rolle spielen. Ich komme darauf zurück (S. 17).

In den Gedichten in elegischen Distichen, die ursprünglich das Buch 3 bildeten, nimmt der *poeta/amator* immer noch die von Furius und Aurelius gerügte unmännliche Haltung gegenüber Lesbia und Juventius ein und macht der Geliebten und dem Knaben auch wieder Vorwürfe. Aber er kompensiert seine Position der Schwäche durch den wiederholten Verweis auf etwas, das er allein für sich in Anspruch nimmt und das ihn offenbar „stark" erscheinen lassen soll, weil er damit römischen Wertvorstellungen entspricht: seine Zugehörigkeit zu einer Welt, in der Ehe, Familie und Freundschaft noch etwas gelten. In dem Eröffnungsgedicht des Buches (*c.* 65) hören wir zum ersten Mal von einem Bruder des Ich-Sprechers und vernehmen die Klage über den Tod dieses Familienangehörigen. Damit ist nicht nur der gelegentlich klagend-pathetische und in diesem Sinne „elegische" Ton des Buches 3 erstmals zum Klingen gebracht, sondern auch ein Leitmotiv vorgestellt: Immer wieder ist in den nachfolgenden Gedichten von familiären Banden und Beziehungen die Rede, und zwar entweder mit dem elegischen Pathos des Bekenntnisses zu dem damit verknüpften Ethos oder mit jambischem Spott über Menschen, denen dieses Ethos fehlt, weil sie z. B. Inzest treiben. Eng damit zusammen hängt es, daß der Ich-Sprecher Lesbias Untreue mehrfach mit Wertbegriffen konfrontiert, die Wohlverhalten in Ehe und Familie sowie im Verhältnis zu Freunden bezeichnen. So erklärt er der *puella* z. B. einmal vorwurfsvoll, er habe sie einst „nicht wie das gemeine Volk die Freundin, sondern wie ein Vater seine Söhne und Schwiegersöhne." geliebt (*c.* 72.2f.). Oder er gebraucht bei der Charakterisierung seines Verhaltens gegenüber Lesbia Begriffe wie *pietas*, *fides* und *bene facere* (*c.* 76). Dadurch entsteht eine Spannung zwischen der Gegenwelt, in der sich sowohl der *poeta/amator* als auch die hetärenhafte Geliebte zusammen mit ihren Liebhabern – z. B. einem *fellator* namens Lesbius (*c.* 79) – bewegen, und der heilen Welt der römischen Werteordnung, der der *poeta/amator* ebenfalls angehören möchte. Was Catull damit aussagen will, ist schwer zu entscheiden, zumal Gedichte, die diese Spannung erzeugen, mit solchen vermischt sind, die entweder einfach derb-obszön oder ausgesprochen komisch oder beides sind. Doch nicht die Wirkungsabsicht dieses Dichters, sondern die der römischen Elegiker steht in diesem Buch zur Debatte.

Gallus, Properz, Tibull und Ovid stellen uns allerdings vor ein ähnliches Problem: Auch sie lassen nämlich, indem sie offenkundig an Catull anknüpfen, ihre *personae* unter Verwendung römischer Wertbegriffe von erotischen Erfahrungen sprechen. Dabei gehen sie sogar so weit, die Beziehung des *poeta/amator* zu der *puella* (bzw. dem Knaben in Tib. 1.4, 8 und 9) auf die Grundlage eines regelrechten Wertesystems zu stellen. Das ergibt sich daraus, daß der elegisch Verliebte im Gegensatz zu Catulls *persona* sein ganzes Dasein dem Dienst Amors und dem Dichten über dieses Dasein weiht. Er errichtet sich auf diese Weise eine alternative Existenz, in der die moralischen Werte der Welt, in der ein junger Römer aus gutem Hause normalerweise lebt, entweder unverändert oder unter umgekehrten Vorzeichen gelten. So kommt es, daß der elegische *poeta/amator* sein Lieben und Dichten nicht nur in ethischen Kategorien der privaten Welt von Ehe, Familie und Freundschaft beschreibt, sondern auch Begriffe aus dem Bereich des öffentlichen Lebens, vor allem demjenigen des Militärwesens, in seiner Sprache der Erotik als Metaphern verwendet. Die Konsequenz, mit der er dabei verfährt, gibt Anlaß dazu, von einer elegischen Gegenwelt und dem in ihr geltenden elegischen System zu sprechen. Zum Verständnis dieses Systems muß man vor allem drei elegische Grundhaltungen kennen: Liebe wird als Dauerzustand, als Lebensform in Konkurrenz zur normalen römischen Lebensform und als Sklavendienst gesehen. Dazu nun kurz das Wichtigste:

1. Liebe als Dauerzustand (*foedus aeternum*): Analog zur Institution der Ehe, die auf Lebenszeit geschlossen wird, soll die Bindung des *poeta/amator* an seine *puella*, mit der er in freier Liebe zusammensein möchte, nach seinem Wunsch bis zu seinem Tode währen. Bei Tibull z. B. hofft er darauf, daß seine Delia bei ihm ist, wenn er stirbt (1.10.59f.):

> *te spectem, suprema mihi cum venerit hora,*
> *te teneam moriens deficiente manu.*

Dich möchte ich anschauen, wenn meine letzte Stunde kommt, dich halten im Sterben mit ermattender Hand.

2. Liebe als Lebensform in Konkurrenz zur normalen römischen Lebensform: Der *poeta/amator* findet keine Erfüllung in den üblichen beruflichen Tätigkeiten, die in der römischen Oberschicht, also bei den Senatoren und Rittern, besonderes Ansehen genießen – z. B. der des Soldaten oder Kaufmanns –, sondern unterzieht sich Mühen, wie sie sonst von einer Alltagsbeschäftigung gefordert werden, ausschließlich im Bereich der Liebe und stellt somit z. B. die *militia amoris* („Kriegsdienst in der Liebe") über das Handwerk des wirklichen Soldaten, was sich bei Properz wie folgt liest (1.6.27–30):

> *multi longinquo periere in amore libenter,*
> *in quorum numero me quoque terra tegat.*
> *non ego sum laudi, non natus idoneus armis:*
> *hanc me militiam fata subire volunt.*

Viele gingen bei lange andauernder Liebe gerne zugrunde; als einen von ihnen möge auch mich die Erde bedecken. Ich bin nicht für den Ruhm, nicht geeignet für die Waffen geboren: Dies ist der Kriegsdienst, den ich – so will es das Geschick – auf mich nehme.

3. Liebe als Sklavendienst (*servitium amoris*): Wie ein Sklave ordnet sich der *poeta/amator* dem Willen der *puella* als seiner *domina* (Herrin) unter, obwohl die römische Geschlechterordnung ihm in der Beziehung zu einer Frau die dominierende Rolle zuweist. So bittet z. B. der Ich-Sprecher in Ovids *Amores* in seiner ersten Rede an die Frau, die ihn „erbeutet hat" (1.30.5f.):

> *accipe, per longos tibi qui deserviat annos;*
> *accipe, qui pura norit amare fide.*

Nimm mich, der ich dir lange Jahre Sklavendienste leisten will; nimm mich, der ich mit reiner Treue zu lieben verstehe.

Wie man sieht, beruhen die unter Punkt 1 und 2 genannten Grundhaltungen des *poeta/amator* gegenüber der Liebe darauf, daß er die für einen römischen Mann geltenden Normen auf seine Gegenwelt überträgt, während die dritte Grundhaltung eine Umkehrung dieser Normen innerhalb der Gegenwelt voraussetzt. Doch alle drei Grundhaltungen haben gemeinsam, daß der Mann in einer freien erotischen Beziehung zu einer Frau nicht die Rolle spielt, die, wie noch gezeigt werden soll (s. S. 19ff.), von einem Römer erwartet wurde, sondern eine von den zeitgenössischen Lesern als feminin eingeschätzte Handlungsweise an den Tag legt. Bei alledem handelt es sich um Motive erotischer Poesie, wie sie sich schon in griechischen Texten über die Liebe eines jungen Mannes aus gutem Hause zu einer Frau finden, die entweder Hetäre ist oder hetärenhafte Züge trägt, also etwa in der Neuen Komödie oder im hellenistischen Epigramm. Auch die erotischen Gedichte Catulls weisen motivische Entsprechungen auf. Aber nur die Elegie des Gallus, Properz, Tibull und Ovid kennt die Organisation dieser Motive als Wertesystem einer erotischen Gegenwelt, und nur bei diesen Dichtern wird die Gegenwelt permanent zu den Normen der realen römischen Welt in Bezug gesetzt. Es ist daher jetzt zu zeigen, wie die soziale Wirklichkeit aussah, die der zeitgenössische Leser im Hintergrund der Bühne, auf der die Elegiker ihre Gegenwelt errichteten, erkennen konnte.

1.2 Soziale Entstehungsvoraussetzungen

Bis in jüngere Zeit hat man immer wieder die Frage gestellt, ob der vom elegischen Wertesystem geregelten Beziehung des *poeta/amator* zu der von ihm geliebten Person im Rom der späten Republik reale Liebesbeziehungen historisch nachweisbarer Männer zu einer Frau oder einem Knaben entsprachen. Gewiß, man war sich schon vor zwanzig Jahren weitgehend einig, daß die bei Properz, Tibull und Ovid geschilderten *amores* ihrer *personae* mit einer *puella* (bzw. in Tib. 1.4, 8 und 9 mit dem Knaben Marathus) frei erfunden sind, obwohl Apuleius in Kapitel 10 seiner *Apologie* behauptet, Cynthia und Delia seien Decknamen für eine Hostia und eine Plania, die wirklich gelebt hätten. Aber man glaubte kaiserzeitlichen Vergil- und Horaz-Kommentatoren, die wissen wollen, daß die Lycoris des Gallus in Wirklichkeit Cytheris geheißen habe. Diese Frau, Freigelassene eines Volumnus, soll antiken Nachrichten zufolge eine Hetäre und als solche nicht nur die Geliebte des Elegiendichters, sondern auch des Cäsarmörders Brutus und des Triumvirn Marcus Antonius gewesen sein. Was z.B. Cicero über die Beziehung zwischen Antonius und Cytheris erzählt, erinnert deutlich an die Beschreibung des elegischen Liebesverhältnisses in der *Amores*-Dichtung: Während seines Volkstribunats im Jahre 49 v. Chr. habe Antonius seine unschickliche Verehrung für die anrüchige Dame dadurch öffentlich demonstriert, daß er sie einmal mitten zwischen den Liktoren mit lorbeergeschmückten Rutenbündeln, die seinem keltischen Wagen voranmarschierten, in einer offenen Sänfte tragen ließ (Phil. 2.23f.; 57f.). Mehrere antike Autoren berichten außerdem, daß der Triumvir sich später auch Kleopatra gegenüber in der Weise wie ein Sklave gebärdete, wie es das elegische Wertesystem von dem *poeta/amator* verlangt, indem er sie z.B. seine Königin und Herrin nannte.

Altertumswissenschaftler, die aus solchen und anderen Nachrichten über prominente Römer und ihre Liebesaffären auf die Existenz eines realen Hintergrundes für die bei Gallus, Properz, Tibull und Ovid beschriebene Welt der elegischen Erotik schlossen, begingen einen methodischen Fehler: Sie konfrontierten poetische und damit potentiell fiktionale Darstellungen von Liebe, Sexualität und dem Rollentausch der Geschlechter mit Texten zum selben Thema, die sie für historische Dokumentation hielten, die aber, weil sie offenkundig von Vorurteilen gegenüber dem sexuellen Verhalten bestimmter Persönlichkeiten geprägt sind, als ebenso fiktional anzusehen sind wie die *Amores*-Dichtung. Wenn Cicero, der politische Gegner des Antonius, von dessen Beziehung zu einer Frau spricht, dann bemüht er sich zweifellos darum – seine Ausführungen sind ja Teil einer Invektive –, den Zuhörern und Lesern, die er gegen Antonius einnehmen will, dessen sexuelles Verhalten so darzustellen, daß sie negativ darüber denken. Das erreicht er am besten dadurch, daß er es als normwidrig diskriminiert. Normwidrig ist, wie ich bereits angedeutet habe, auch das Verhalten des elegischen *poeta/amator* gegenüber seiner *puella*. Denn er behandelt sie wie seine Herrin (*domina*) und charakterisiert sie dementsprechend als eine hetärenhafte Frau, die sich sein serviles Betragen gerne gefallen läßt. Aber diese Charakterisierung hat der elegische Dichter, wie man heute allgemein annimmt, frei erfunden, sie ist, wie Alison Sharrock (1991) es treffend formuliert hat, das Produkt von „womanufacture". Und „womanufacture" ist nun auch genau das, was Cicero bei seiner Porträtierung der Cytheris oder etwa der Clodia Metelli (in seiner Rede *Pro Caelio*) betreibt. Das gilt gleichfalls für die Darstellung der Kleopatra durch zeitgenössische römische Autoren.

Die antiken Quellen über das Sexualleben historischer Gestalten des republikanischen und Augusteischen Rom und insbesondere der namentlich bekannten Frauen sind also so unglaubwürdig, daß man sie zu Erörterungen über die sozialen Entstehungsvoraussetzungen der römischen Liebeselegie nur mit größter Vorsicht heranziehen sollte. Sie können nur dann nützlich sein, wenn wir sie im Rahmen dessen betrachten, was kulturgeschichtliche Untersuchungen aus neuerer Zeit über die Geschlechterordnung im Rom des 1. Jahrhunderts v. Chr. herausgefunden haben. Ihnen zufolge galt für die Oberschicht, deren Angehörige die Texte der Elegiker lasen, Männlichkeit nicht als biologisch vorgegeben, sondern als etwas, das erst erworben werden mußte und jederzeit wieder verloren werden konnte. Erst wenn ein freier Römer – und nur ein solcher durfte auf den Erwerb von Männlichkeit hoffen – als Familienvater, Besitzender, Politiker, Soldat etc. über bestimmte Machtmittel verfügte, wurde er als Mann angesehen. Als unmännlich eingestuft wurden dagegen Knaben, vor allem diejenigen, die von einem Mann geliebt wurden, erwachsene Männer, die in einer mann-männlichen Beziehung den passiven Part übernahmen, aber auch alle schwachen, kranken und alten Männer, ja sogar Ehebrecher, da sie, sexuell unbeherrscht, nach antiker Auffassung keine Macht über sich selbst ausübten. Sexuelle Beziehungen wurden somit weit weniger durch die Geschlechterdifferenz als durch Machtverhältnisse organisiert. Es wurde nicht eigentlich zwischen männlich und weiblich und überhaupt nicht zwischen hetero- und homosexuell unterschieden, sondern zwischen mächtig und machtlos bzw. aktiv und passiv. Da in Liebesbeziehungen der Vorgang der Penetration den absoluten Vorrang vor allen anderen sexuellen Handlungen hatte, standen sich ganz einfach Penetrierende und Penetrierte gegenüber. Zur ersten Gruppe gehörten nur diejenigen, die mächtig, beherrscht und aktiv und in diesem Sinne Männer waren, während die zweite Gruppe sich aus Frauen aller sozialen Schichten, Knaben, *viri molles* („weichliche Männer") und Sklaven zusammensetzte.

Diese klare Rollenverteilung hatte u.a. zur Folge, daß man an Päderastie keinen Anstoß nahm. Denn das Machtverhältnis zwischen liebendem Mann und geliebtem Knaben entsprach der Norm. Eine sexuelle Beziehung zwischen zwei Frauen betrachtete man dagegen als pervers, da der als Machtdiskurs begriffene Sexualdiskurs einen aktiven und einen passiven Partner verlangte. Weil aber allen Frauen von der Gesellschaft die passive sexuelle Rolle zugeteilt war, verstießen Frauen, die eine andere Frau begehrten, ebenso gegen die Norm wie Frauen, die aktiv um die Gunst eines Mannes warben oder innerhalb einer Beziehung dem männlichen Partner ihren Willen aufzuzwingen versuchten. Umgekehrt galt es als normwidrig, wenn ein Mann, der aufgrund seiner gesellschaftlichen Position als solcher gelten durfte, sich von einer Frau beherrschen oder von einem anderen Mann penetrieren ließ. Beides trifft nun bereits auf den *poeta/amator* in Catulls Gedichten zu. Zum einen leidet er darunter, daß Lesbia sich nicht immer seinen Wünschen gemäß verhält und ihn betrügt, reagiert darauf aber nur mit Klagen und Beschimpfungen der Frau. Zum anderen duldet er die *irrumatio* (orale Penetration) durch den Prätor seiner Kohorte in Bithynien, was allerdings nur in den jambischen Gedichten, die ursprünglich das erste Buch bildeten, angesprochen wird (*c.* 10. 12f.; 28.9f.), nicht jedoch in den Gedichten in elegischen Distichen. Bei den im selben Versmaß schreibenden augusteischen Dichtern findet sich dann nur eine motivische Entsprechung zu dem Verhalten der *persona* Catulls gegenüber seiner *puella*: Auch der *poeta/amator* bei Gallus, Properz, Tibull und Ovid begnügt sich angesichts des seinen Wünschen zuwiderlaufenden Verhaltens der von ihm geliebten Frau mit Klagen und Schimpfen, ja erduldet sein Liebesleid wie ein seinem Herrn treu ergebener Sklave und vollzieht auch auf diese Weise im Sinne der römischen Geschlechterordnung einen Rollentausch mit der *puella*. Aber nicht nur durch das *servitium amoris* zeigt sich der elegisch Liebende als unmännlich, sondern auch dadurch, daß er in seiner Bindung an die *puella* einen Dauerzustand sehen möchte und sie zu seiner Lebensform macht. Denn von einem Römer, der außereheliche Beziehungen unterhielt (was der Moralkodex ihm durchaus gestattete), wurde erwartet, daß er sich dies nur vorübergehend erlaubte, und als verheirateter Mann hatte er seiner Tätigkeit als Politiker, Soldat etc. den Vorrang vor seinem Liebesleben einzuräumen, zumal dieses primär dem Zweck der Kindeszeugung dienen sollte.

Es dürfte deutlich geworden sein, in welch hohem Maße das durch die elegische Wertordnung geregelte Dasein des *poeta/amator* in der *Amores*-Dichtung eine Gegenwelt zur Lebensform der römischen Oberschicht darstellte. Es bietet sich also an zu fragen, ob die Dichter, die diese Gegenwelt konstruierten, damit implizit etwas über ihr Verhältnis zu Rom aussagen wollten. Mehrere Altertumswissenschaftler (denen ich mich in der 1. Auflage dieser Einführung anschloß) erblicken darin, daß Gallus, Properz, Tibull und Ovid den Ich-

Sprechern ihrer Gedichte ein Bekenntnis zu der alternativen Existenz des elegisch Liebenden in den Mund legen, die Bekundung einer Protesthaltung und die indirekte Artikulation von Systemkritik. Zum Vergleich verweist man dabei auf die Staatsverdrossenheit der amerikanischen Jugend der sechziger Jahre des 20. Jahrhunderts mit ihrer Devise „make love, not war". Tatsächlich hatte in Rom zur Zeit des Übergangs von der Republik zum Prinzipat die Nachwuchsgeneration des Senatorenstandes allen Grund, mit dem Staat unzufrieden zu sein. Schon seit dem Bürgerkrieg zwischen Cäsar und Pompejus, also seit dem Ende der fünfziger Jahre des 1. Jahrhunderts v. Chr., war die Konvention, wonach jeder Angehörige der Oberschicht eine reelle Chance hatte, auf legalem Wege zu einer Machtposition innerhalb der Senatsaristokratie aufzusteigen, immer mehr außer Kraft gesetzt worden. Jetzt wurden die wichtigen Ämter von den großen Imperatoren nach Gutdünken vergeben. Diese Entwicklung erreichte ihren Höhepunkt, als der Sieger von Aktium bereits den Ehrennamen Augustus trug und erste Überlegungen anstellte, wie er seine Familie zur Herrscherdynastie machen könnte. Da sich der römische Machtdiskurs, wie ich zu zeigen versucht habe, im Sexualdiskurs widerspiegelte, wäre es denkbar, daß die Verfasser der *Amores*-Dichtung, indem sie die Machtverhältnisse, die im Bereich der römischen Geschlechterordnung bestanden, provokant auf den Kopf stellten, ihre dem Senatorenstand angehörenden Leser zur Rückbesinnung auf ihre alten Rechte auffordern wollten.

Greifen wir hier die Wirkungsabsicht der römischen Elegiker? Es spricht einiges dafür, daß es so ist, und für möglich halten sollte man es auf jeden Fall. Aber es gibt auch gewichtige Einwände. Zunächst ist zu bedenken, daß nicht eine einzige derjenigen Stellen in den Texten des Properz, Tibull und Ovid, die man als antiaugusteisch interpretiert hat, nur so und nicht anders erklärt werden kann. Außerdem ist darauf zu verweisen, daß es explizite Äußerungen der Ich-Sprecher bei Properz und Ovid sowie motivverwandte implizite Äußerungen des Sprechers bei Tibull gibt, durch die Positives, ja Lobendes über die Herrschaftsideologie des Augustus ausgesagt wird. Im Grunde können diejenigen, die die römische Elegie als systemkritisch interpretieren, sich nur auf zwei Textzeugen berufen. Diese belegen historisch einigermaßen glaubwürdig zwei Ereignisse der Ära des Augustus, bei denen wir Verfasser von Liebeselegien in Konflikt mit dem Kaiser und dadurch zwangsläufig auf der „Gegenseite" sehen: die Vorgänge, die zum Tod des Gallus und zur Verbannung Ovids führten. In beiden Fällen spricht jedoch, wie jetzt kurz zu zeigen ist, alles dafür, daß Augustus nicht an Versen, sondern an politischen Äußerungen bzw. Aktionen Anstoß nahm.

Cornelius Gallus wurde 69/68 v. Chr. in Forum Iulii (wahrscheinlich in dem Ort, der heute Fréjus heißt) als Sohn eines römischen Bürgers, der vermutlich dem Ritterstand angehörte, geboren. Nach einer glänzenden Karriere als Beamter und Offizier wurde er von Oktavian (Augustus), auf dessen Seite er als Heerführer im Alexandrinischen Krieg gegen Antonius gekämpft hatte, im Jahre 30 zum ersten Präfekten der neuen Provinz Ägypten ernannt. Diese Ehrung machte ihn wohl etwas zu selbstbewußt, denn er ließ seine Taten auf den Pyramiden und auf Obelisken (einer davon steht heute auf dem Petersplatz in Rom) einmeißeln. Er wurde von Augustus seines Amtes enthoben, in die Hauptstadt zurückberufen und beging dort, um sich den erwartungsgemäß für ihn negativen Ergebnissen eines gegen ihn eingeleiteten Senatsverfahrens zu entziehen, 27 oder 26 v. Chr. Selbstmord. Wie immer Gallus außer durch seine Selbstverewigung den Prinzeps verärgert haben mag – es spricht nichts dafür, daß auch seine *Amores* zur Entzweiung der beiden Männer beitrugen. Denn die Elegiensammlung muß, da Vergil in seiner zehnten Ekloge darauf anspielt, bereits vor 39/38 v. Chr. existiert haben. Außerdem bezeugt der Ich-Sprecher in Versen auf einem Papyrusfragment, die vermutlich Gallus zuzuschreiben sind (s. S. 33f.), einem Cäsar, bei dem es sich eher um Oktavian als den Diktator handeln dürfte, seine Verehrung.

P. Ovidius Naso wurde am 20. März 43 v. Chr. in Sulmo als Mitglied einer alten Familie des Landadels geboren und gehörte in Rom, wo er in seiner Jugend zum Juristen ausgebildet wurde, zum Ritterstand. Obwohl er die Möglichkeit zu einer senatorischen Karriere gehabt hätte, verzichtete er darauf – er konnte sich das vermutlich aufgrund eines gewissen Wohlstandes leisten – und widmete sich ganz einem Dasein als Dichter. Als er bereits eine stattliche Reihe von poetischen Werken publiziert hatte – außer den *Amores* u. a. die *Ars amatoria* und vermutlich auch die *Metamorphosen* -, wurde er um 8 n. Chr. von Augustus nach Tomi am Schwarzen Meer verbannt. Er mußte dort den Rest seines Lebens verbringen, durfte aber weiterhin dichten und sein Bürgerrecht sowie sein Vermögen behalten. Was die Gründe für die Verbannung betrifft, sind wir ganz auf die Äußerungen des Ich-Sprechers in der Exilpoesie angewiesen. Ihnen läßt sich nicht eindeutig entnehmen, ob Ovid dem Kaiser als Elegiker ein Ärgernis war oder nicht. Denn wenn seine elegische *persona* zwei Verbannungsgründe nennt (*Trist.* 2.207: *carmen et error* - „Gedicht und Fehltritt"), aber sich nur zu dem einen, der Abfassung des elegischen Lehrgedichtes *Ars amatoria*, näher äußert und diesen Grund mit zahlreichen Argumenten als unzureichend darzustellen versucht, kann das ein Ablenkungsmanöver sein. Der Verbannte verrät uns nämlich, daß Augustus es nicht gern gesehen hätte, wenn allgemein bekannt geworden wäre, was es mit dem anderen Verbannungsgrund, einem „Fehltritt" welcher Art auch immer, auf sich hatte, und das gibt uns Anlaß zu folgender Annahme: Dieser andere Grund war ein rein politischer; vermutlich hatte Ovid durch falsches Verhalten im Zusammenhang mit den Maßnahmen des Augustus zur Sicherung der Thronfolge dessen Zorn erregt. Es ist also durchaus denkbar, daß der Verbannungsgrund *Ars amatoria* kaum von Bedeutung war oder sogar von Ovid erfunden wurde und daß folglich der Dichter ebenso wie Gallus vom Kaiser gar nicht in seiner Eigenschaft als Verfasser von Elegien bestraft wurde.

Über das Leben der beiden anderen Elegiker wissen wir so

gut wie nichts, aber das wenige, was wir wissen, spricht eher dafür, daß sie Augustus positiv gegenüberstanden. Sextus Properz kennen wir als Person nur aus seinen Gedichten, und daraus läßt sich lediglich dies entnehmen: Er war Umbrier – aus Assisi, wenn Karl Lachmann den Vers 4.1.125 richtig emendiert hat – wie vermutlich der Tullus, dem er um 28 v. Chr. (aus diesem Datum schließt man auf ein Geburtsjahr gegen Ende der fünfziger Jahre v. Chr.) sein erstes Elegienbuch widmete. Bei dessen Onkel, der in 1.6.19 erwähnt wird, handelt es sich – das ist wieder nur eine Vermutung – um L. Volcacius Tullus. Dieser war zusammen mit Oktavian Konsul des Jahres 33 v. Chr., 29 v. Chr. Statthalter in der Provinz Asien und um diese Zeit offenbar Patron des Dichters. Er dürfte sich derselben Gunst des Prinzeps erfreut haben wie Mäcenas, dem Properz sein zweites Elegienbuch widmete, und die Freundschaft des Dichters mit beiden Männern spricht nun dafür, daß dieser ebenfalls ein gutes Verhältnis zu Augustus hatte. Vielleicht darf man aus 4.1.127 folgern, daß die Propertii im Perusinischen Krieg ihren Landbesitz verloren. Die Tatsache, daß an dieser Stelle von einem kleinen Anwesen im Besitz des *poeta/amator* die Rede ist, erlaubt jedenfalls den Schluß, daß Properz wie Gallus, Ovid und Tibull, für den es eine kurze Vita am Ende der Handschriften des *Corpus Tibullianum* bezeugt, dem Ritterstand angehörte. Über Albius Tibullus weiß jene Vita freilich nicht mehr, als man aus den beiden Elegienbüchern des Dichters und zwei an einen Albius gerichteten Gedichten des Horaz (*c.* 1.33 und *epist.* 1.4) erschließen kann. Buch 1, etwa 27 v. Chr. publiziert (wieder ergibt sich ein Geburtsjahr gegen Ende der fünfziger Jahre v. Chr.), ist ebenso wie Buch 2, das kurz vor dem Tod des Dichters um 19 v. Chr. (erschließbar aus einem Epigramm des Domitius Marsus am Ende des *Corpus*) entstanden sein dürfte, dem M. Valerius Messalla Corvinus, einem hohen Würdenträger des Augusteischen Staates, gewidmet. Die Person dieses Patrons, der ebenso Ovid förderte und den Tibull vielleicht auf Kriegszügen in Aquitanien und im Osten des Reiches begleitete, rückt auch diesen Dichter in die Nähe des Augustus.

Offensichtlich hatte keiner der vier Elegiendichter einen Grund dafür, das senatorische Publikum auf Staatsverdrossenheit und kritische Haltung gegenüber Augustus einzustimmen. Außerdem ist zu bedenken – und das ist nun ein ganz besonders wichtiger Aspekt –, daß nicht Gallus, Properz, Tibull und Ovid sich zu einem alternativen Dasein in einer Welt der Erotik bekennen, sondern die in ihren Gedichten „ich" sagenden *personae*. Es ist ja die mit Zügen der jungen Liebhaber in der Neuen Komödie und des Sprechers der erotischen Epigramme hellenistischer Dichter ausgestattete Figur des *poeta/amator*, die sich in der Rolle eines *vir mollis* („weichlicher Mann") präsentiert. Diese Rolle spielte Catull, wie *c.* 16 zu entnehmen ist (s. S. 13), um seine Leser erotisch zu stimulieren. Warum sollte das nicht auch eine der Wirkungsintentionen der römischen Elegiker gewesen sein? In Buch 3 der *Ars amatoria* empfiehlt Ovid in der Rolle des *praeceptor amoris* („Lehrer der Liebe") den *puellae*, die er in der Liebeskunst unterweist, die Lektüre seiner *Amores* und der Gedichtsammlungen der anderen drei Elegiker (3.333f. und 343f.), während er in den *Remedia amoris* allen, die von der Liebesleidenschaft geheilt werden wollen, dringend ans Herz legt, ebendiese Texte nicht zu lesen (763–766). Was an dem Rollentausch der Geschlechter, der für die Erotik der *Amores*-Dichtung besonders charakteristisch ist, so stimulierend war, ist für uns heute nicht ohne weiteres nachvollziehbar. Jedenfalls verstieß er, wie wir gesehen haben, gegen die in Rom für das Miteinander von Mann und Frau gültige Ordnung, und Abweichung von der Norm spielt in sexuellen Phantasien bekanntlich eine sehr wichtige Rolle. Außerdem war es vor dem Hintergrund des römischen Geschlechterdiskurses einfach auch komisch, wenn ein Römer aus gutem Hause z. B. wehleidig von einer Nacht berichtete, die er vor der Tür der treulosen Geliebten verbringen mußte. So etwas empfand man seit der Zeit, als die römischen Komödiendichter für das liebes- und weinselige

Durchmachen einer Nacht das Wort *pergraecari* („durchgriecheln") geprägt hatten, als typisch für die Griechen, die man in mehrfacher Hinsicht ohnehin nicht ernst nahm.

Es spricht also vieles dafür, daß die Elegiker ihr zeitgenössisches Publikum primär erotisieren und amüsieren und ihm auf diese Weise gute Unterhaltung bieten wollten. Das schließt nicht aus, daß manchem Rezipienten der Spaß getrübt werden konnte, wenn er daran dachte, daß die politische Lage unter einem Herrscher, der den Senatoren das Mitregieren nur noch zum Schein gestattete, dazu einladen könnte, sich mit der Trotzhaltung eines *poeta/amator* zu identifizieren und sie als Ausdruck der Systemkritik zu verstehen. Aber da wir davon ausgehen dürfen, daß die römische Elegie (ebenso wie die griechische) zunächst einmal für die Rezitation bei geselligem Zusammensein – z.B. beim Gastmahl im Hause des für den Dichter zuständigen Patrons – bestimmt war, spricht alles dafür, daß das Interesse der Zuhörer an den vorgetragenen Gedichten von vornherein vom Unterhaltungsbedürfnis gelenkt war. Außerdem handelte es sich ja durchaus um höchst geistreiche Unterhaltung, da alle vier Dichter in bewußter Beachtung der von der Poetik des Kallimachos (s. S. 7f.) gesetzten Maßstäbe größten Wert auf Stilkunst und vielschichtige Intertextualität legten. Sie luden ihre Zuhörer und Leser, die offenbar über eine breite literarische Bildung verfügten und sich in diesem Bereich gerne gefordert sahen, zu einem semiotischen Spiel ein. Vertraut mit der „Zeichensprache" der erotischen Motive, insbesondere des elegischen Wertesystems, vermochte das Publikum zu würdigen, wie der Dichter diese Motive spielerisch zu einer neuen Aussage abwandelte. Da ich im Rahmen einer Einführung, die einen möglichst breiten Überblick über die erhaltenen Elegienbücher geben soll, nicht alle Aspekte dieses Spiels mit derselben Gründlichkeit ansprechen kann, lege ich den Schwerpunkt auf die Variation der gattungsspezifischen Thematik bei den einzelnen Dichtern.

Ich will im folgenden zunächst die wenigen Reste, die uns

von den Elegien des Gallus überliefert sind, und dann die erhaltenen Sammlungen des Properz, Tibull, Pseudo-Tibull und Ovid Buch für Buch behandeln. Dabei werde ich die einzelnen Gedichte in der Reihenfolge, in der sie im Buch stehen, ansprechen. Denn der antike Rezipient dürfte, weil er bei der Lektüre den Papyrus aufrollen mußte, linear gelesen haben. Und weil es sich gezeigt hat, daß wir über die Biographie keines dieser Römer etwas Nennenswertes wissen, sie also für uns fast ausschließlich durch ihre Texte Gestalt annehmen, werde ich jetzt der Einfachheit halber nicht mehr vom elegischen Ich sprechen, sondern, wenn ich nicht *poeta* oder *poeta/amator* schreibe, die Namen der vier Elegiker benutzen. Damit bekenne ich mich keineswegs zur biographischen Interpretation früherer Zeiten. Denn ich habe in diesem Kapitel mehrfach deutlich gemacht, daß ich diese Art der Erklärung von Gedichten für verfehlt halte.

Forschungsliteratur, die sich mit dem gesamten Gattungstyp „römische Liebeselegie" auseinandersetzt, gibt es reichlich. Doch allein die Tatsache, daß ein umfassender Forschungsbericht bis heute fehlt (vgl. immerhin WYKE [1989a] zu den divergierenden Forschungsansätzen der achtziger Jahre), zeigt deutlich, daß das Interesse für Einzelaspekte und ganz besonders für die isolierte Behandlung jeweils eines der vier Elegiker stets im Vordergrund stand. Auch eine umfassende Gesamtdarstellung ist folglich ein Desiderat. Vorläufigen Ersatz bieten immer noch LUCK (1961) und LYNE (1980), die aber ganz der Methode des biographischen Interpretierens verpflichtet sind. Das andere Extrem, eine von jüngsten Trends der modernen Literaturwissenschaft beeinflußte Deutung, präsentieren das Buch von KENNEDY (1993), der an VEYNE (1983) anknüpft, und die von MILLER/PLATTER (1999) und FEAR (2000) herausgegebenen Aufsatzsammlungen, während das ausführliche Vorwort zu BOOTH (1999) zu vermitteln versucht. Zur Frühgeschichte der griechischen Elegie ist BOWIE (1986) besonders lesenswert, und zu Kallimachos als Elegiker sowie zu seinem Einfluß auf die römische Dichtung sind vor allem die Standardwerke von WIMMEL (1960) und CAMERON (1995) hilfreich. Speziell zu dem Einfluß des hellenistischen Dichters auf die Entstehung der römischen Liebeselegie tragen PUELMA (1982) und

BINDER/HAMM (1998) Thesen vor, die zusammen mit den Überlegungen von CAIRNS (1979, 214–228) an der Gültigkeit der Ergebnisse, die die Arbeiten von JACOBY (1905), DAY (1938) und STROH (1983) zum Entstehungsproblem erzielten, zweifeln lassen. Hellenistische Epigrammbücher zu rekonstruieren versucht GUTZWILLER (1998), allgemein mit dem Aufbau des hellenistischen und des römischen Gedichtbuches befassen sich PERADOTTO/VAN SICKLE (1980) und KREVANS (1984). Über die Papyrusfragmente griechischer Elegien vom Typ der römischen *Amores*-Elegie äußern sich PARSONS (1988), HOSE (1994), BUTRICA (1996b), MASTROIACOVO (1998) und LUPPE (2000). Zu Catull sei im Zusammenhang mit der römischen Liebeselegie nur auf folgende Arbeiten verwiesen: Für die Einheit von Catulls *c.* 68 tritt am überzeugendsten SYNDIKUS (1990, 239–296) ein, und speziell die Funktion der Analogie untersucht FEENEY (1992). Die jüngsten Überlegungen zur jeweiligen Einheit der (ursprünglich) drei Bücher der Sammlung Catulls findet man bei HOLZBERG (2000), während KING (1988) nur „Buch 3" (= *c.* 65–116) behandelt. Das Wertesystem und weitere Motive und Themen der römischen Liebeselegie untersuchen zahlreiche Arbeiten; hervorzuheben sind: COPLEY (1947), BURCK (1952), MÜLLER (1952), COPLEY (1956), STEIDLE (1962), STROH (1971), HOFFMANN (1976), LYNE (1979), RANDALL (1979), FRUHSTORFER (1986), MYERS (1996), OLIENSIS (1997) und MCCARTHY (1998). Für die Frage nach den sozialen Entstehungsvoraussetzungen der römischen Liebeselegie sind zunächst einmal übergreifende Arbeiten zur augusteischen Kultur und speziell zum Literaturbetrieb des 1. Jahrhunderts einschlägig; ich begnüge mich mit der Nennung von ZANKER (1987), WHITE (1993), CITRONI (1995), FANTHAM (1996) und GALINSKY (1996). Die Probleme, die mit einer Auswertung literarischer Texte der Antike für eine Darstellung des Lebens in Rom verbunden sind, beschreiben besonders treffend THOMAS (1988) und WYKE (1992). In diesen Zusammenhang gehören auch die Arbeiten zur „womanufacture" der römischen Elegiker (zum Begriff: SHARROCK [1991]); besonders ergiebig sind: WYKE (1989b) & (1994). Die wichtigsten Untersuchungen zur Geschlechterordnung im antiken Rom sind die Bücher von EDWARDS (1993), MEYER-ZWIFFELHOFFER (1995) und WILLIAMS (1999) sowie der Sammelband von HALLETT/SKINNER (1997), darin insbesondere SKINNER (1997). Von den Arbeiten der Gelehrten, die in dem Bekenntnis des elegischen Ich zu einer alternativen Daseinsform eine Protesthaltung und Ausdruck der Systemkritik sehen, hebe ich STROH (1983) und STAHL (1985) hervor. Zu den Viten der Elegiker äußerten sich zuletzt GALL (1999 [Gallus]), LYNE (1998a, 177–181 [Properz]) & (1998c [Properz und Tibull]) und HOLZBERG (1997 & ²1998 [Ovid]), zu ihrem Verhälnis zu den Patronen und der Augusteischen Politik DUQUESNAY (1992) und CLOUD (1993). Zur erotisierenden Wirkung der Elegie auf die zeitgenössischen Leser gibt es noch keine gattungsübergreifende Untersuchung; für eine solche könnte ADAMS (1982) wertvolle Hilfe leisten. Ebenso fehlt eine modernen Ansprüchen genügende Arbeit zu Humor und Witz in der römischen Liebeselegie. Wichtige Anregungen geben hier GALE (1997) und INGENKAMP (1997). Dafür gibt es zwei unentbehrliche Standardwerke zu Anspielung und Intertextualität in der römischen Dichtung: CONTE (1986) und HINDS (1998).

2. GALLUS

Das im ersten Kapitel im Zusammenhang mit den Viten der vier römischen Elegiker erwähnte Faktum, daß Gallus, der älteste in der Reihe, bei Augustus in Ungnade fiel, dürfte ein wesentlicher Grund dafür sein, daß die *Amores* dieses Dichters verloren sind. Da uns nur ein einziger, noch dazu wenig aussagender Pentameter erhalten ist (Morel/Büchner/Blänsdorf p. 257), sind wir für die Rekonstruktion der Elegiensammlung auf Sekundärzeugnisse angewiesen. Das gilt auch noch nach der Entdeckung eines Papyrusbruchstücks, das neun fast vollständige Verse enthält, im Jahre 1978. Denn es ist nicht mit letzter Sicherheit auszuschließen, daß das Bruchstück gefälscht ist. Das wichtigste Textzeugnis, dem wir etwas über die *Amores* und ihre Thematik entnehmen können, ist nach wie vor die zehnte Ekloge Vergils. In diesem Gedicht finden sich Anspielungen auf die Elegiensammlung des Gallus, ja es sind – das behauptet jedenfalls der Vergil-Kommentator Servius – einzelne typische Wendungen, vielleicht sogar ganze Verse aus den elegischen Distichen des Gallus in die bukolischen Hexameter übernommen. Auch inhaltlich sehen wir in diesem Gedicht Elegisches in die Hirtenpoesie verpflanzt. Denn Gallus, von dessen *solliciti amores* („unruhvolles Lieben") Vergil künden will, befindet sich im Lande Arkadien und klagt der unbelebten Natur und den Göttern sein Leid darüber, daß die Geliebte ihn verlassen hat. Seine 39 Verse umfassende Rede (31–69) beginnt mit einer Todesphantasie (33f.) und der Wunschvorstellung, daß sein Liebesverhältnis mit Lycoris, wenn er mit ihr in dieser friedlichen Landschaft lebte, bis zum Tode andauern würde (42f.: *Lycori ... hic ipso tecum consumerer aevo* - „Lycoris ... hier wollte ich mit dir in hohem Alter mein Ende finden"). Aber die rauhe Wirklichkeit hat diesen Traum zerstört (44–48a):

> *nunc insanus amor duri me Martis in armis*
> *tela inter media atque adversos detinet hostis.*
> *tu procul a patria (nec sit mihi credere tantum)*
> *Alpinas a, dura, nives et frigora Rheni*
> *me sine sola vides.*

Jetzt aber hält mich rasende Liebe in Waffen des harten Mars mitten zwischen Geschossen und drohenden Feinden fest. Du, fern von der Heimat – bräuchte ich doch so etwas Ungeheuerliches nicht zu glauben! – bekommst Alpenschnee, ach, Fühllose, und Kälte des Rheins zu sehen ohne mich allein.

Der Entschluß des Gallus, sich als Jäger in den arkadischen Bergen von seinem Schmerz abzulenken, führt jedoch nur zu der Erkenntnis, daß Amor sich nicht niederringen läßt (60 f. 64. 69):

> *… tamquam haec sit nostri medicina furoris,*
> *aut deus ille malis hominum mitescere discat.*
> *…*
> *non illum nostri possunt mutare labores, …*
> *…*
> *omnia vincit Amor: et nos cedamus Amori.*

… als ob dies Heilung von meiner Raserei wäre oder dieser Gott vom Unglück der Menschen sich erweichen ließe … nicht können meine Qualen ihn umstimmen … alles besiegt Amor: Auch ich will mich Amor besiegt geben.

Ganz deutlich sind selbst in dieser bukolischen Umformung von Gallus-Motiven die Grundhaltungen, auf denen die Liebe des Elegikers zu seiner *puella* fußt, erkennbar. Sterbevision und Traum von einem Leben mit Lycoris bis zum Tode erinnern an die Bereitschaft zum *foedus aeternum*, Arkadien steht für das *otium*, das der elegisch Liebende sich als Lebensform wählt, deutlich abgesetzt von der in Vers 44 f. als hart (*durus*) empfundenen Welt des Krieges. Besonders breiten Raum hat Vergil dem Gallus der zehnten Ekloge für die Entfaltung des Motivs *servitium amoris* gegeben. Nicht nur betont der elegisch Liebende am Schluß seiner Klage die Unheilbarkeit seiner Liebe und die Unterwerfung unter die Macht Amors, sondern er läßt auch auf die Äußerung seines Schmerzes darüber, daß Lycoris einem Mann durch Schnee und Kälte in die Fremde gefolgt ist, eine versöhnliche Wendung folgen (48b-49):

> *a, te ne frigora laedant!*
> *a, tibi ne teneras glacies secet aspera plantas!*

Ach, daß dich doch die Kälte nicht versehrt! Ach, daß dir das rauhe Eis nicht in die zarten Fußsohlen schneidet!

Die Tatsache, daß Vergil hier den plötzlichen Gefühlsumschwung von Klage und Vorwurf in liebevolle und zärtliche Anteilnahme, den wir von Properz, Tibull und Ovid her gut kennen, in dieser Art ausgestaltet hat, erlaubt die Vermutung, daß das *servitium amoris* bereits in den Elegien des Gallus eine herausragende Rolle spielte.

Bestätigend kommt der Text auf dem Papyrus hinzu, der, wenn er in der Antike verfaßt wurde (s. u.), von Gallus stammen dürfte (Morel/Büchner/Blänsdorf p. 257 f.). In dem verstümmelten Vers 1 lesen wir im Zusammenhang mit dem Namen Lycoris die Worte *tristia* („traurig") und *nequitia* („unnützes Tun"), in Vers 7 wird die *puella* als *domina* bezeichnet. Das sind Begriffe, die von den anderen Elegikern immer wieder im Zusammenhang mit dem Motiv des *servitium amoris* verwendet werden. Außerdem könnte man daraus, daß Gallus in den Versen 2–5 die Rückkehr Cäsars (mit dem, wie gesagt, wohl eher Oktavian als der Diktator gemeint ist) von einem Feldzug erwarten will, den Schluß ziehen, daß er sich absichtlich von der Teilnahme an einer militärischen Unternehmung fernhält. Das wäre dann das Motiv der Liebe als Lebensform. Viel mehr als diese beiden Beispiele für das Vorkommen der elegischen Wertbegriffe bei Gallus geben die Verse freilich nicht her. Man ist ein wenig enttäuscht von der allzu schlichten, fast unbeholfen wirkenden Sprache, und es läßt sich nicht recht erkennen, ob wir es mit den Resten einer assoziierend reihenden Elegie, mit Epigrammen oder mit einer Anthologie von Gallus-Versen zu tun haben. Da alles dafür spricht, daß uns mit dem Papyrusfragment das Ende einer Rolle erhalten ist, scheint mir die Vermutung Gerhard Petersmanns (1983) besonders plausibel, daß eines der vier Bücher der *Amores* vielleicht in ähnlicher Weise wie Buch 1 des Properz (vgl. 1.21 und 22) mit Kurzgedichten abschloß.

Es versteht sich von selbst, daß in den zahlreichen wissenschaftlichen Untersuchungen zu diesen Versen, die bald nach der sensationellen Entdeckung des Papyrus publiziert wurden, sich auch Stimmen zu Wort meldeten, die Zweifel an seiner Echtheit äußerten. Alles paßt nämlich ein wenig zu gut. Nicht nur sind im Text auf engstem Raum Schlüsselbegriffe und besonders typische Motive der römischen Liebeselegie vereint, sondern der Papyrus wurde auch noch auf dem Boden der einstigen Provinz des Statthalters Gallus gefunden: in Ägypten etwa 250 km südlich von Assuan in den Ruinen der nubischen Bergfestung Qaṣr Ibrîm, und eine daneben liegende Münze aus der Zeit Kleopatras VII., also aus dem 1. Jahrhundert v. Chr., erleichterte die aus historischen Argumenten zu gewinnende Datierung des Fragments auf die Zeit vor 20 v. Chr. Danach wäre der Text vielleicht noch zu Lebzeiten des Dichters geschrieben worden. Die Behauptung, es handle sich um eine moderne Fälschung, konnte nicht ausbleiben, und Franz Brunhölzl, der sie besonders energisch erhob (1984), stützte sich dabei auf Überlegungen, die die Entdeckungsumstände, den graphologischen Befund, Widersprüche in Sprachgebrauch und Rechtschreibung, die Metrik und den Inhalt betreffen. Eine umfassende Erwiderung Jürgen Blänsdorfs (1987) konnte zwar zu sämtlichen Argumenten, die Brunhölzl zum Beweis der Unechtheit anführt, gewichtige Gegenargumente vorbringen, aber ein Rest von Unbehagen bleibt. Es ist daher ein großes Glück, daß wir in der Frage, ob Gallus von Ovid und Quintilian mit Recht zur Gruppe der Verfasser von Liebeselegien gezählt wird (s. S. 1), nicht auf die kümmerlichen Verse dieses Papyrusbruchstückes angewiesen sind. Denn Vergils zehnte Ekloge lehrt ganz deutlich, daß Gallus die elegischen Wertbegriffe in einer Weise verwendete, wie wir sie dann bei Properz, Tibull und Ovid wiederfinden.

Alle Gallus-Fragmente sind jetzt von Morel/Büchner/Blänsdorf (1995) ediert. Von den vor der Entdeckung des Papyrus entstandenen Arbeiten sind noch diejenigen von Ross (1975), der die Entwicklung von der neoterischen zur augusteischen Poesie nachzuzeichnen versucht, und Crowther (1983; mit einem Anhang zu dem Papyrus) lesenswert. Von der seit dem Erscheinen der Editio princeps von Anderson/Parsons/Nisbet (1979) publizierten Literatur nenne ich Barchiesi (1981), Graf (1982), Petersmann (1983), Stroh (1983), Brunhölzl (1984), Nicastri (1984), Blänsdorf (1987) und Gall (1999). Bei dem Aufsatz von Silagi (1999) handelt es sich um eine witzige Parodie auf die Fundgeschichte und die anschließenden Bemühungen der Forschung um den Text.

3. PROPERZ

Die Gedichte, in denen sich der „ich" sagende *poeta/amator* Propertius nennt, sind so, wie wir sie in den mittelalterlichen Handschriften lesen, in einem Latein verfaßt, das an zahlreichen Stellen schwer, ja unverständlich ist, weil es dort entweder eine verschraubte Syntax oder nicht nachvollziehbare Gedankensprünge oder rätselhafte Anspielungen oder alles zusammen aufweist. Man hat das immer wieder als besondere Eigenart dieses Dichters zu erklären versucht und sich bemüht zu interpretieren, was in einigen Fällen einfach nicht zu interpretieren ist. Aber aus antiken Zeugnissen ergibt sich, daß die Zeitgenossen den Stil des Properz als ebenso geschmeidig, leicht zugänglich und elegant empfanden wie die Sprache Tibulls und diejenige Ovids. Mit Recht geht deshalb die Mehrzahl der Properzforscher davon aus, daß der Text dieses Dichters in weit höherem Maße als die meisten anderen Werke der lateinischen Poesie emendiert werden muß, und nicht nur das: Selbst zu so massiven Eingriffen in die Überlieferung wie der Umstellung und der Athetese von Versen kann sich gezwungen sehen, wer dem, was der Dichter ursprünglich schrieb, einigermaßen nahe kommen möchte. Doch selbst damit ist es nicht genug. Die Handschriften bereiten auch insofern erhebliche Schwierigkeiten, als sie die Trennung der einzelnen Elegien voneinander entweder an Stellen vornehmen, an denen man es nicht erwarten würde, oder längere Textblöcke präsentieren, die mit Sicherheit aus mehreren Gedichten zusammengesetzt sind. Dabei gibt es sogar Unterschiede zwischen den einzelnen Handschriften. So bietet z.B. für Buch 2, das den Leser textkritisch vor besonders große Probleme stellt, der Codex Neapolitanus (um 1200) die Gedichte, die die Ausgaben als Nr. 31–34 zählen, als fortlaufenden Text, während im Florentinus (um 1380) Nr. 29–32 nicht voneinander geschieden sind. Es finden sich überhaupt nur acht Gedichte in diesem Buch, bei denen als sicher gelten darf, mit welchem Vers sie beginnen und mit welchem sie enden: 2, 6, 8, 12, 14, 15, 21 und 25. Also muß bei der Properz-Interpretation gefragt werden, wo die Gedichtgrenzen verlaufen.

Da Buch 2 zudem mit seinen 1362 Versen Umfang „Überlänge" hat – Buch 1 besteht aus 706, Buch 3 aus 990 und Buch 4 aus 952 Versen, was jeweils der durchschnittlichen Buchlänge von etwa 800 Versen entspricht – und Properz in 2.13 sagt, er wünsche sich seine *tres libelli* als Leichenzug bei seiner Bestattung (V. 25), nehmen viele Gelehrte an, im Falle dieses Buches sei im Laufe der Überlieferung sogar die Verschmelzung von zwei Büchern erfolgt. Es ist jedoch zu bedenken, daß der Wunsch in die Zukunft weist und daß Buch 2 zusammen mit den Büchern 3 und 4, die eindeutig später verfaßt sind, eine Trilogie, also eine von dem vorausgehenden Buch zu trennende Einheit bildet. Das wiederum ergibt sich zunächst einmal daraus, daß der *liber*, den die Ausgaben als *Liber primus* bezeichnen, mit hoher Wahrscheinlichkeit von seinem Verfasser als eine Gedichtsammlung publiziert wurde, die wie Vergils *Eklogen* und die *Epoden* des Horaz nur aus einem einzelnen Buch bestand. Dafür spricht unter anderem, daß in mehreren Handschriften die *inscriptio* besagt, es beginne die dem Tullus gewidmete Monobiblos des Properz, und daß Martials Epigramm 14.189 unter der (zweifellos vom Dichter selbst stammenden) Überschrift *Monobiblos Properti* von *Cynthia*, der Jugenddichtung des „eloquenten" Properz, spricht. *Cynthia* ist das erste Wort von Elegie 1.1 und konnte als solches in der Antike als Buchtitel verwendet werden. Gewiß, es ist gleichzeitig das erste Wort der gesamten Sammlung, weshalb man unter der Monobiblos *Cynthia* auch die Bücher 1–4 verstehen könnte. Aber es gibt signifikante Unterschiede in Thematik und Aufbau zwischen „Buch 1" einerseits und den übrigen drei Büchern andererseits: Während diese alle mit einem längeren poetologischen Programmgedicht beginnen, stellt Properz sich in 1.1 noch nicht als *poeta*, sondern lediglich als *amator* vor. Außerdem ist „Buch 1" dem Landsmann Tullus (S. 25), „Buch 2" Mäcenas, dem Freund des Augustus, gewidmet, und diese Zueignung erstreckt sich sehr wahrscheinlich auch auf die beiden darauffolgenden Bücher, da in ihren Eröffnungsgedichten niemand angesprochen wird, Mäcenas aber auch der Widmungsadressat von 3.9 ist, das ziemlich genau in der Mitte der drei Bücher steht.

Es deutet folglich alles darauf hin, daß das erste in den Handschriften enthaltene Elegienbuch ursprünglich eine als Monobiblos publizierte eigene Sammlung war und wie die Sammlung des Mimnermos und die des Antimachos (S. 6) unter dem Namen der von dem *poeta* geliebten Frau zirkulierte. Das wird dadurch bestätigt, daß zu Beginn von 2.24 jemand zu Properz sagt, seine *Cynthia* werde auf dem ganzen Forum gelesen (1 f.). Auf diese Sammlung folgte die „Tribiblos", die die heute als Nr. 2–4 gezählten Bücher umfaßte und die, wie man aus 2.1.1 (*Quaeritis unde mihi totiens scribantur amores* – „Ihr fragt, warum ich so oft *Amores*/von meinen Liebeserfahrungen schreibe") folgern darf, den Titel *Amores* trug. Es gibt freilich Hinweise im Text, die es wahrscheinlich machen, daß die Bücher „2–4" über einen längeren Zeitraum sukzessive erschienen. Deshalb werde ich diese Bücher wie das Buch *Cynthia* jeweils in einem eigenen Abschnitt behandeln. Dabei behalte ich die Buchzählung der Ausgaben bei.

1.1 Das erste Buch

Die erste Elegie der Monobiblos besteht aus zwei ungefähr gleich langen Hälften, die beide zentrale Themen des ersten Buches exponieren. In den Versen 1–18 charakterisiert Properz seine Bindung an Cynthia als *servitium amoris,* in das er, der vorher von keiner Leidenschaft berührt war, beim Anblick ihrer Augen geriet und das ihn schon ein ganzes Jahr lang gefangenhält. Die Feststellung, Amor habe ihn gelehrt, von „anständigen jungen Frauen", d.h. von solchen, für die Sex nur in der Ehe statthaft ist, nichts wissen zu wollen und planlos dahinzuleben (5f.: *castas odisse puellas ... et nullo vivere consilio*), macht deutlich, daß Properz den für einen elegisch Liebenden typischen Bruch mit der gesellschaftlichen Norm bereits vollzogen hat: Statt die Heirat mit einer ehrbaren Römerin anzustreben und sich ein Berufsziel zu setzen, lebt er in der elegischen Gegenwelt, die von ihm die sklavische Verfallenheit an eine Frau mit hetärenhaften Verhaltensweisen verlangt. Und wie hier mit dem Motiv des *servitium amoris* zum ersten Mal eines der wichtigsten Motive des gesamten Buches verwendet wird, so stimmt auch der zweite Teil des Gedichtes (19–38) den Leser thematisch auf die nachfolgenden Elegien ein. Weil es kein Heilmittel gegen die Art von Liebe gibt, die Properz für Cynthia empfindet, bittet er seine Freunde um Hilfe, macht aber gleichzeitig deutlich, daß kein *remedium* bei ihm wirken werde, weder Schneiden und Brennen (27) noch Reisen in ferne Länder (29f.). Den *amici* bleibe nur, sich durch das Unheil, das ihn betroffen hat, vor einer ähnlichen Erfahrung warnen zu lassen (35–38). Hier wird ein Faden geknüpft, der neun an Freunde gerichtete Gedichte miteinander verbinden wird. In diesen Gedichten (4–7; 9; 10; 13; 14; 20) sind die beherrschenden Themen die Rechtfertigung der bedingungslosen Unterwerfung Properzens unter die *domina* als einer Daseinsform, der man nicht entrinnen kann, und belehrende Ermahnungen, die sich immer wieder zur Erotodidaktik ausweiten.

Offensichtlich bietet die erste Elegie ein Resümee dessen, was das übrige Buch über die Liebeserfahrungen des Properz mit Cynthia (vgl. 1.4.15 und 1.7.5 *amores*) in dem zurückliegenden Jahr (1.1.7) erzählt. Denn mit Elegie 2 beginnt eine aus neun Gedichten (2; 3; 8; 11/12; 15; 16–19) bestehende Sequenz von Elegien, die man als Reflexe von Episoden einer „Liebesgeschichte" lesen kann. Das ergibt sich zunächst einmal daraus, daß Properz hier anfangs von ersten scheinbar harmlosen Problemen mit Cynthia, dann aber von Entfremdung, Untreue der Frau und schließlich von Einsamkeit und Todesvision spricht. Ferner gibt es Hinweise darauf, daß einzelne Gedichte den Ablauf der Jahreszeiten nachzeichnen. Für die Elegien 6 und 8, in denen es um geplante Seereisen geht, kann man als zeitlichen Hintergrund den Frühling als die Zeit der Wiederaufnahme der Schiffahrt voraussetzen, für Elegie 11/12 (m. E. zusammen ein einziges Gedicht), worin die in dem Badeort Baiae weilende Cynthia angesprochen wird, den Sommer, schließlich für Elegie 16 und 17, wo von morgendlichem Frost (16.24) und Sturm auf See (17.5 ff.) die Rede ist, den Herbst und den beginnenden Winter. Die neun „Episoden" der erotischen Erfahrungen des Properz mit Cynthia und die neun „Szenen" mit den Freunden sind in kunstvoller und beziehungsreicher Anordnung zu einem „Liebesroman" verschränkt, der Erzählung mit Reflexion verbindet. Das Elegienbuch endet mit zwei Gedichten von epigrammatischer Kürze, die nicht von Liebesleid, sondern von Properzens Trauer über den Tod von zwei im Perusinischen Krieg gefallenen Männern ihren Ausgang nehmen, dabei aber motivische Bezüge zwischen den beiden Bereichen elegischer Klage herstellen.

In diesem Elegienbuch folgen also auf einen Prolog, der in die Thematik des Buches einführt, zwanzig Elegien und damit so viele Gedichte, wie in dem zweiten Odenbuch und dem ersten Epistelbuch des Horaz sowie (vielleicht) in Buch 2 der *Amores* Ovids (s. S. 124) enthalten sind. Daß erst mit Elegie 2 das „eigentliche" Buch beginnt, darf man auch aus einer Stelle in 4.5 folgern. Dort rät die *lena* (Kupplerin) Acanthis der Cynthia, einen Liebhaber, der Geld bringt, einem Dichter, der nur Verse bieten kann, vorzuziehen, und zitiert in diesem Zusammenhang das erste Distichon von 1.2 sozusagen als Incipit des ersten Elegienbuches des Properz (55 f.). Als Eröffnungsgedicht des „Liebesromans" gibt sich die Elegie 1.2 ferner dadurch zu erkennen, daß sie den Leser mit der in 1.1 nur in Vers 1 und 2 kurz vorgestellten Cynthia näher bekannt macht.

Properz ermahnt hier die *puella* dazu, ihre natürliche Schönheit nicht durch Kosmetik und Schmuck zu entwerten, und nennt als Voraussetzung wahrer weiblicher Anmut ihr musikalisches Talent sowie ihre Wortgewandtheit. Damit charakterisiert er Cynthia implizit als hetärenhaft, und die Betulichkeit, mit der er das tut, hat etwas Komisches. So in etwa könnte der verliebte Jüngling in einem Stück von Menander oder Plautus zu einer *meretrix* (Hetäre) reden, und wer das wahrnimmt, den wird auch das elegische Pathos, mit dem Properz in dem nachfolgenden Gedicht von einem nächtlichen Rendezvous mit Cynthia erzählt, amüsieren. Properz beschreibt in dieser Elegie, wie er an ihr Bett trat, auf dem sie schlafend lag, und wie sie ihm in einer Scheltrede, in der sie behauptete, sie sei über dem allzulangen Warten eingeschlummert, als Grund seines Säumens Untreue unterstellte. Da Cynthia im ersten Distichon mit der schlafenden Ariadne verglichen wird und da Properz sagt, er sei betrunken gewesen, darf man mit Stephen Harrison (1994) zwischen den Zeilen lesen, daß hier ein „Bacchus" auftritt, nachdem gerade ein „Theseus", von dem dieser „Bacchus" nichts weiß, sich davongemacht hat. Properz erscheint also jetzt schon als Gehörnter, und die Komik der Situation wird dadurch unterstrichen, daß Cynthia den Argwohn, den er offenbar durchaus hegt (30), nach der Devise „Angriff ist die beste Verteidigung" zu zerstreuen versucht.

Es ist also unfreiwillige Komik, die in der Szenenschilderung des elegisch Liebenden steckt. Liest man unter dieser Voraussetzung die anschließenden vier Gedichte, in denen Properz gegenüber Bassus, Gallus, Tullus und Ponticus eloquent sein *servitium amoris* rechtfertigt, wird man Schwierigkeiten haben, aus den Vorträgen der Figur des *poeta/amator* über die elegische Gegenwelt die Stimme des Schöpfers dieser Figur herauszuhören und die Gedichte als Artikulation des Protestes gegen die reale Welt der römischen Gesellschaftsordnung in der Zeit unmittelbar nach der Schlacht bei Aktium (31 v. Chr.) zu lesen (s. S. 21 ff.). Ich will nicht gänzlich bestreiten, daß diese Texte auch davon etwas transportieren.

Nehmen wir ein Beispiel, die Elegie 1.6. Hier erklärt Properz dem Tullus, der ihn aufgefordert hat, ihn auf einer amtlichen Reise im Gefolge von Tullus' Onkel (s. S. 25) nach Kleinasien zu begleiten, daß er den militärischen Ehrungen, die einem Römer bei solchen Expeditionen zuteil werden konnten, die *militia amoris* vorziehe (19–30):

> *tu patrui meritas conare anteire securis*
> *et vetera oblitis iura refer sociis.*
> *nam tua non aetas umquam cessavit amori,*
> *semper at armatae cura fuit patriae;*
> *et tibi non umquam nostros puer iste labores*
> *afferat et lacrimis omnia nota meis!*
> *me sine, quem semper voluit fortuna iacere,*
> *hanc animam extremae reddere nequitiae.*
> *multi longinquo periere in amore libenter,*
> *in quorum numero me quoque terra tegat.*
> *non ego sum laudi, non natus ideoneus armis:*
> *hanc me militiam fata subire volunt.*

Du versuche, deines Onkels Verdienste im Amt zu übertreffen, und alte Rechte gib zurück den Bundesgenossen, die sie schon vergaßen. Denn deine Jugendzeit gab niemals der Liebe Raum, sondern dir lag immer das Vaterland, wenn es unter Waffen stand, am Herzen. Und dir soll niemals der Knabe da [Amor] meine Leiden bringen und alles, was meine Tränen kennen! Mich, der immer – so hat es das Schicksal gewollt – liegen soll, laß dieses mein Leben bis zuletzt unnützem Tun hingeben! Viele gingen bei lange andauernder Liebe gerne zugrunde; als einen von ihnen möge auch mich die Erde bedecken. Ich bin nicht für den Ruhm, nicht geeignet für die Waffen geboren: Dies ist der Kriegsdienst, den ich – so will es das Geschick – auf mich nehme.

Die Vorstellung von dem Freund, der im Dienste Roms gänzlich asexuell lebt, ist komisch. Deshalb ist wohl so etwas wie satirischer Spott und folglich vielleicht eine kritische Einstellung gegenüber allzu starrem Festhalten an dem Wertekodex des Senatorenstandes impliziert. Aber die Alternative, die Properz dem entgegensetzt, ist, auch wenn sie mit noch so viel

Pathos beschrieben wird, nicht weniger lächerlich. Man bedenke, daß einige der verwendeten Wörter einen obszönen Nebensinn haben (vgl. das Wörterbuch von Adams [1982]): *iacere* bedeutet außer „darniederliegen", was die Übersetzungen meist bieten, „mit einer Frau im Bett liegen", *longinquo in amore perire* kann durchaus Metapher für einen lange hinausgezögerten und dann einem Exitus nahe kommenden Orgasmus sein, und bei *subire* darf man an eine Stellung beim Koitus denken, bei der der Mann (nach römischer Auffassung höchst unmännlich) unten liegt. Wer dies und anderes mitliest, kann, wenn er will, ganz einfach verstehen: „Tullus, ich darf auf deine militärische Expedition, für die du wie auch sonst auf Sex verzichtest, nicht mitkommen, weil das Schicksal will, daß ich ständig mit Cynthia schlafe." Und das dürften Angehörige der römischen Oberschicht wie Tullus eher amüsant als moralisch und politisch provokant gefunden haben.

Im letzten der ersten vier an die Freunde gerichteten Gedichte, Elegie 7, erklärt Properz einem Ponticus, der gerade dabei ist, den Mythos vom thebanischen Bruderkrieg in einem Epos zu besingen, daß allein Liebesgedichte etwas gegen die Härte einer *domina* ausrichten könnten. Deswegen werde der Epiker hilflos sein, wenn Liebe ihn selbst ergreift. Da Properz in Elegie 8 berichten kann, es sei ihm mit Hilfe seines *blandum carmen* („schmeichelndes Gedicht") gelungen, Cynthia von einer Seereise abzuhalten, die sie wegen eines anderen Mannes unternehmen wollte, wendet er sich in Elegie 9 erneut an Ponticus, der nunmehr von sklavischer Leidenschaft für eine *puella* erfaßt ist, und belehrt den Freund darüber, daß ein *grave carmen* ihm in dieser Situation nichts nützen werde. Im Hochgefühl der Überlegenheit, die ihm seine Erfahrung im Bereich der Liebe gibt, beendet Properz die Elegie mit Erotodidaxe für den Freund. In zwei weiteren Freundesgedichten, Elegie 10 und 13, in denen beidemal ein Gallus angesprochen ist und die wie Elegie 7 und 9 ein Cynthia-Gedicht (11/12) in die Mitte nehmen, versteigt Properz sich in seiner Rolle als Liebeslehrer sogar zu der Behauptung, er könne ent-

43

zweite Liebende vereinen, die Türen einer *domina* öffnen und Liebeskummer heilen. Er sagt das in Elegie 10 im Zusammenhang mit dem Bericht über ein Liebesspiel des Gallus mit einer *puella,* präsentiert sich also auch noch als Voyeur, und als ein solcher spricht er dann wiederum in Elegie 13. Properz, der für die Liebeserfahrungen anderer in jeder Hinsicht zuständige Fachmann – das ist eine Pose, die in scharfem Kontrast dazu steht, daß mit dem Gedicht 11/12, welches zwischen den beiden Gallus-Gedichten steht, eine Serie von Cynthia-Elegien beginnt, in denen der *poeta/amator* nur noch von seinem Liebesleid berichtet: von seiner Angst vor einem Seitensprung Cynthias bei ihrem Aufenthalt in Baiae (11/12); von ihrer immer deutlicher werdenden Untreue und ihren Meineiden (15); von seinen beiden Versuchen der Flucht vor ihr, die ihn das eine Mal zu Schiff an eine sturmumtoste Küste (17), das andere Mal in die Einsamkeit der Natur (18) führen; und von der Vision seiner Liebe zu ihr nach seinem Tod, die sie, wie er fürchtet, nicht erwidern wird (19). Vermutlich sollen wir Properz auch in dem *exclusus amator* wiedererkennen, dessen Paraklausithyron die in Elegie 16 sprechende Tür zitiert.

Es ist bezeichnend, daß der Experte in Liebesangelegenheiten, der in seinem eigenen Fall von seinen Kenntnissen letztlich nicht profitierte, in dem Gedicht, in dem er zum letzten Mal einen Freund erotodidaktisch instruiert, Elegie 1.20, davor warnt, auf die geliebte Person nicht sorgfältig genug aufzupassen. Es ist erneut der bereits in den Elegien 5, 10 und 13 angesprochene Gallus, an den Properz sich wendet. Gallus liebt gerade einen Knaben, und Properz erzählt ihm als abschreckendes Beispiel die Geschichte von Hylas, den Herakles sich bei der Landung der Argonauten an der Küste Mysiens von Nymphen rauben ließ. Gallus heißt auch der Sprecher der Elegie 21, aber es kann sich nicht um denselben Mann handeln wie beim Adressaten des vorausgehenden Gedichts. Der Mann, der sich in Elegie 21 Gallus nennt, ist in der dramatischen Zeit, die wir für die Monobiblos anzusetzen haben, also in den ersten Jahren nach der Schlacht bei Aktium (31 v. Chr.), bereits seit über zehn Jahren tot. Er redet sterbend einen Soldaten an, der „verwundet von den etruskischen Wällen kommt" und seine Augen von ihm abwendet. Dieser ist ein Kamerad des Gallus, und zwar, wie sich aus der Ortsangabe, der Nennung des Namens Cäsar und der thematischen Verwandtschaft der Elegie 22 mit diesem Gedicht ergibt, im Perusinischen Krieg (41/40 v. Chr.), in dem L. Antonius von Cäsar Oktavian besiegt wurde. Gallus, der für Antonius gekämpft hat, ist hinterrücks tödlich verletzt worden und bittet den Kameraden, der Schwester – ob seiner eigenen oder der des Angeredeten, bleibt für den Leser unklar – auszurichten, daß, „welche Gebeine auch immer sie oben auf den etruskischen Bergen zerstreut findet", die seinen seien. In Elegie 22 spricht dann auch Properz von Gebeinen eines im Perusinischen Krieg Gefallenen. Er antwortet dort dem Tullus, der ihn nach seiner Familie und seinem Heimatort gefragt hat, lediglich dies: Er stamme aus dem Land, das an das Gebiet grenze, in dem sich die perusinischen Grabmäler befänden und dessen Staub es zugelassen habe, daß die Gebeine seines Verwandten von Erde unbedeckt am Boden lägen.

Allein schon aus der Tatsache, daß in beiden Gedichten auf etwas angespielt wird, über das nur die Zeitgenossen, ja wahrscheinlich allein die engeren Freunde des Verfassers der Elegiensammlung *Cynthia* Bescheid wußten, läßt sich mit einiger Sicherheit schließen, daß der Elegiker hier auf sein Leben und sein Herkommen Bezug nimmt. Es ist eine plausible Vermutung Gregory Hutchinsons (1984, 105), daß der in Elegie 21 redende Gallus der Vater des in den Elegien 5, 10, 13 und 20 angeredeten Gallus ist. Außerdem hat man mit gutem Grund angenommen, daß der in Elegie 21 erwähnte Kamerad des älteren Gallus mit dem in Elegie 22 genannten Verwandten des Properz identisch ist. Wenn das stimmt, dann fiel im Perusinischen Krieg sowohl ein Familienangehöriger des Verfassers der Monobiblos als auch der Familienangehörige eines Freundes. Da die Gedichte, in denen diese Todesfälle zur Sprache kommen, sozusagen den Epilog zu der Elegiensammlung bilden, bietet es sich an, Bezüge zwischen dem elegischen Sprechen in diesem Epilog und dem elegischen Sprechen in den erotischen Gedichten 1–20 herzustellen und daraus auf eine Wirkungsabsicht des realen Autors des Buches *Cynthia* zu schließen. So hat man denn auch gesagt, Properz gebe dadurch, daß er in Elegie 22, der Sphragis der Monobiblos, außer seiner Heimat Umbrien nur den Tod seines Verwandten im Perusinischen Krieg erwähnt, zu verstehen, daß er diesem Ereignis besonderen Einfluß auf seinen Werdegang als Staatsbürger und Dichter zuschreibe. Der Leser solle sich die Staatsverdrossenheit des Elegikers, die man aus dem Bekenntnis seiner *persona* zu einem alternativen Dasein ableiten könne, damit erklären, daß Properz den Verlust seines Angehörigen und des Vaters seines Freundes Gallus im Bürgerkrieg dem Staat und insbesondere dem mächtigsten Mann in diesem Staat anlaste: Oktavian, dem Sieger von Perusia.

Dagegen ist nun auf der Grundlage jüngster Forschung einiges einzuwenden. Zunächst einmal steht in den Elegien 21 und 22 nichts, was sich zweifelsfrei als Kritik an Oktavian interpretieren ließe. Dieser hatte, wie Ian DuQuesnay (1992) überzeugend aus Appians Bericht (*BC* 5.12–34) erschlossen hat, durch gezielte Propaganda die Schuld an dem Perusinischen Krieg den cäsarfeindlichen Hintermännern des L. Antonius zugeschoben und sich selbst damit entsprechend entlastet. Da der Onkel des in Elegie 22 angeredeten Tullus, der als Etrusker bei Perusia vielleicht auf der Seite des L. Antonius stand, sich zur Zeit der Entstehung der Monobiblos wahrscheinlich der Gunst Oktavians erfreute (s. S. 25), liegt es nahe anzunehmen, daß er und seine etruskischen Verwandten und Freunde, also auch Properz, der Propaganda des Imperators glaubten und nicht ihn für den Tod ihrer Landsleute verantwortlich machten. Außerdem scheint es mir methodisch fragwürdig, das elegische Ich des Properz, das doch in den Gedichten 21 und 22 noch ebenso spricht wie in den vorausgehenden Gedichten, in Elegie 1–20 als Geschöpf des realen

Autors anzusehen (was doch wohl unumgänglich ist) und dann plötzlich dessen eigene Stimme aus 21 und 22 vernehmen zu wollen. Das Buch *Cynthia* ist ein in sich geschlossener elegischer Diskurs, und daraus ergibt sich zunächst einmal dies: Durch die Verknüpfung von Elegie 21 und 22 mit den übrigen Elegien des Buches wird implizit eine gattungstheoretische Aussage gemacht. Denn in den beiden Gedichten wird das Motiv der Totenklage angesprochen, dadurch in die Erinnerung gerufen, daß – jedenfalls nach Auffassung der Zeitgenossen des Properz (s. S. 5) – die Elegie ursprünglich ein Trauergesang war, und gleichzeitig der neue Gattungstyp der römischen Liebeselegie in die Gattungstradition eingeordnet. Ferner stellt der Verfasser der Monobiblos, wie erstmals Nigel Nicholson (1998/99) gesehen hat, einen motivischen Bezug zwischen Gedicht 21 über den älteren Gallus und Gedicht 10 über den jüngeren Gallus her: Während in Gedicht 10 Properz seine Augen (*ocellos*, 10.7) nicht von dem Freund abwenden kann, der in den Armen seiner *puella* „stirbt" (*morientem*, 10.5) – das kann, wie gesagt, so zu verstehen sein, daß er einen Höhepunkt erlebt –, wendet in Elegie 21 der Mann, der vermutlich der in 1.22 genannte Verwandte des Properz ist, die Augen (*lumina*, 21.3) von seinem tatsächlich sterbenden Kameraden ab.

Wie immer wir auf diesen Fall von Intratextualität reagieren (man könnte ihn z. B. als geschmacklos empfinden) – er paßt gut zu der Konfrontation von realer Welt und metaphorischer Gegenwelt in der *Amores*-Dichtung. Und wer daraus unbedingt eine Aussage des Verfassers der *Cynthia* ableiten will, kann ohne weiteres zu folgendem Ergebnis kommen: Der Elegiker stellt den Bürgerkriegen der Vergangenheit, in denen Menschen sterben mußten, die Gegenwart gegenüber, in der dank der Beendigung der Bürgerkriege durch Oktavian, den Sieger von Aktium, die jüngeren Verwandten der Kriegsopfer nur noch beim Orgasmus „sterben". Am besten wird es freilich sein, ganz einfach das geistreiche semiotische Spiel des Dichters der Monobiblos mit den Motiven der Liebeselegie und ihrer Gattungstradition als solches wahrzunehmen und, wenn man das kann, Spaß daran zu haben.

3.2 Das zweite Buch

Wie bereits erwähnt, bereitet Buch 2 besonders große Schwierigkeiten, wenn man versucht, die einzelnen Gedichte voneinander abzugrenzen. Alle modernen Ausgaben weichen von der traditionellen Einteilung in 34 Elegien ab, da sie mehrfach einzelne Textblöcke innerhalb dieser Einheiten als in sich geschlossene Gedichte oder Gedichtfragmente präsentieren. Am weitesten geht hier der Kommentar von Butler und Barber, der 49 Gedichte zählt. Nun haben aber von den acht Gedichten, bei denen als sicher gelten darf, wo sie beginnen und wo sie enden (2, 6, 8, 12, 14, 15, 21, 25), vier (also 50%) einen Umfang von 40 und mehr Versen, während sich nur sechs Elegien von vergleichbarer Länge in dem gesamten ersten Buch finden, das insgesamt wahrscheinlich 21 Elegien umfaßt (s. S. 40). Man wird daher mit der Mehrzahl der Properzforscher davon ausgehen, daß das zweite Buch überwiegend Gedichte von einer Länge enthält, die die Durchschnittslänge der Gedichte des Buches 1 übersteigt, und daß sich u. a. daraus erklären dürfte, warum der Gesamtlänge des ersten Buches von 706 Versen 1362 Verse in Buch 2 gegenüberstehen. Deshalb besitzen Textanalysen, die mit guten Gründen für die Abgrenzung größerer Gedichteinheiten eintreten, meines Erachtens mehr Überzeugungskraft als diejenigen, die zu viele kurze Elegien voneinander trennen. Ich persönlich halte es für denkbar, daß Buch 2 nur aus 32 Gedichten besteht. Da zwei davon, das erste und das letzte (1.1–78 und 34.1–94), einen poetologischen Rahmen bilden, hätten wir, wenn ich recht haben sollte, in diesem Buch 2 + 30 Gedichte neben den 1 + 20 Gedichten in Buch 1. Auf die Zahl 32 für Buch 2 komme ich, indem ich 10/11 mit Lyne (1998b) sowie 31/32 mit T. Hubbard (1984) jeweils als ein Gedicht,

22.43–24.16 mit Camps (1991) als Nr. 23, folglich 24.17–50 als Nr. 24 ansetze und im übrigen die traditionelle Zählung als gültig betrachte. Natürlich ist auch dies nichts weiter als eine von mehreren möglichen Lösungen des Problems. Aber das spielt für meine Betrachtung von Buch 2 fast keine Rolle, da ich einerseits davon ausgehe, daß bei linearer Lektüre eines Gedichtbuches die Gedichtgrenzen ohnehin keine allzu große Bedeutung haben, andererseits mich wieder auf einen Überblick beschränken und dabei angesichts des enormen Buchumfangs Gedichte zu Gruppen zusammenfassen muß.

Elegie 1 stimmt wie das Eröffnungsgedicht der Monobiblos auf die übrigen Elegien des Buches ein, betont aber weit stärker als das gesamte erste Buch die Bedeutung der Rolle des *poeta* Properz im elegischen Diskurs. Wie Elegie 1.1 läßt sich 2.1 in zwei Hälften zerlegen: Teil 1 (1–46) rechtfertigt die Wahl der Gattung und exponiert vor allem bestimmte Motive der ersten Hälfte des Buches (Nr. 2–17), Teil 2 enthält ein umfassendes Bekenntnis zur elegischen Daseinsform und speziell zum *servitium amoris* (47–78), das als Thema einzelner Gedichte bzw. Gedichtabschnitte in der zweiten Buchhälfte (Nr. 18–33) häufiger auftaucht als in der ersten. Betrachten wir zunächst im Hinblick auf die erste Buchhälfte, die gleich anschließend besprochen werden soll, Teil 1 des Eröffnungsgedichtes. Es beginnt wie folgt (1–16):

> *Quaeritis unde mihi totiens scribantur amores,*
> * unde meus veniat mollis in ora liber.*
> *non haec Calliope, non haec mihi cantat Apollo:*
> * ingenium nobis ipsa puella facit.*
> *sive illam Cois fulgentem incedere cogis,*
> * hoc totum e Coa veste volumen erit;*
> *seu vidi ad frontem sparsos errare capillos,*
> * gaudet laudatis ire superba comis;*
> *sive lyrae carmen digitis percussit eburnis,*
> * miramur facilis ut premat arte manus;*
> *seu compescentis somnum declinat ocellos,*
> * invenio causas mille poeta novas;*

> *seu nuda erepto mecum luctatur amictu,*
> *tum vero longas condimus Iliadas;*
> *seu quidquid fecit sive est quodcumque locuta,*
> *maxima de nihilo nascitur historia.*

Ihr fragt, warum ich so oft *Amores*/von meinen Liebeserfahrungen schreibe, warum mein Buch weich klingend auf die Lippen kommt. Nicht singt mir dies Kalliope, nicht Apollon: Mein Mädchen selbst schafft mir das schöpferische Talent. Sei es, daß du sie drängst, strahlend in koischem Stoff einherzuschreiten, so wird aus dem koischen Stoff diese ganze Papyrusrolle hervorgehen; sei es, daß ich hier und da Locken sich auf ihre Stirn verirren sah, dann kann sie sich daran freuen, stolz einherzugehen, weil ihr Haar gepriesen wurde; sei es, daß sie auf der Leier ein Lied schlug mit elfenbeinernen Fingern, dann bewundere ich, wie kunstvoll sie die lockeren Hände aufdrückt; sei es, daß sie die nach Schlaf verlangenden Augenlider senkt, dann finde ich als Dichter tausend neue Ursachen; sei es, daß sie nackt, nachdem ich ihr das Kleid entrissen habe, mit mir ringt, dann komponiere ich wahrhaft lange Iliaden; oder sei es, daß sie auch nur irgend etwas tat oder sagte, dann entsteht aus nichts ein umfangreiches Werk der Zeitgeschichte.

Properz begründet also seine Wahl der *Amores*-Dichtung, und er setzt das ab Vers 17, wo er Mäcenas anspricht, mit einer Argumentation fort, die auf den Prolog der *Aitia* des Kallimachos (s. S. 7f.) Bezug nimmt: Er würde, wenn ihm das Geschick die Fähigkeit gegeben hätte, Heldenscharen zu Waffentaten zu führen, zwar kein mythologisches Epos, aber ein episches Gedicht über den Siegeslauf Oktavians bis zur Schlacht bei Aktium, also Zeitgeschichte in Versen, schreiben, wenn nicht sein Innerstes wie die „enge Brust" des Kallimachos zu kraftlos dazu wäre, so daß er sich auf die Gefechte im engen Bett beschränken müsse (17–46). Der Zusammenhang zwischen dem Preis der zum Dichten inspirierenden Erotik Cynthias und der *recusatio* wird besonders deutlich, wenn man die metapoetische Aussage des Abschnittes über die *puella* wahrnimmt. Properz gibt hier durch ebenso witzige wie geistreiche Anspielungen zu verstehen, daß er in seiner *Amores*-Dichtung mehrere andere Dichtungsarten vereint sieht: außer der elegischen Poesie des Philetas von Kos (5f.) und derjenigen des Kallimachos (*causas* in V. 11f. zielt vermutlich auf die *Aitia*) das Enkomion (8: *laudatis ... comis* als Wortspiel mit griech. *enkómion* „Lobgedicht" und *kóme* „Haar"), die Lyrik (9f.), das Epos (13f.) und die zeitgeschichtliche Darstellung (15f.).

Hier geht es offenbar nicht allein um die spielerische Überhöhung des künstlerischen Wertes der eigenen Dichtung – das Thema wird dann in 2.34 variiert –, sondern auch um einen Hinweis auf die vielfältige Intertextualität der Elegien des zweiten Buches. Was nun dessen erste Hälfte betrifft, ziehen sich z. B. Bezüge zum Homerischen Epos – sie hängen offenbar zusammen mit der Bemerkung des Properz, die *puella* inspiriere ihn zu langen Iliaden (13f.) – wie ein roter Faden durch mehrere Gedichte der Reihe 2–17, wobei sogar die Chronologie der Episoden des Troja-Mythos, die „zitiert" werden, übernommen ist. Das beginnt in Elegie 2 damit, daß Properz die Schönheit der *puella* über diejenige der Göttinnen erhebt, die sich dem Urteil des Paris stellten (13f.), und mündet in Elegie 14 in eine Vergleichsreihe, die damit eröffnet wird, daß Properz seine in einer Liebesnacht mit Cynthia erlebten *gaudia* für größer erklärt als die Freude Agamemnons über den Fall Trojas und die Freude des Odysseus über seine Heimkehr (1–4). Dazwischen liegen Verse und Versabschnitte, die dem Leser per Analogie den Raub der Helena (3.35ff.), die Geschichte von Achilles und Briseis (8.29ff.; „Fortsetzung" 9.9ff.) und den Grabhügel des Achilles (13.37f.) in die Erinnerung rufen. Nachdem Properz die in Elegie 14 erstmals angesprochene Liebesnacht in Elegie 15 als Ursache seines Glücks geschildert hat, bezeichnet er in Elegie 16 die Rückkehr eines Rivalen aus Illyrien als Ursache größter Sorge für sich (1f.). Es wäre ihm lieber gewesen, Neptun hätte den Mann an Felsklippen sein Leben verlieren, also ein Ende finden lassen, wie es dem Trojaheimkehrer Aias aus Lokroi zuteil wurde, das aber dem Odysseus, mit dem Properz sich selbst in Elegie 14 verglichen hat, erspart blieb. Elegie 16 markiert die Rückkehr des Properz, der vorübergehend *felix* gewesen war (15.1), in den Zustand des *servitium amoris*, den der *poeta* in Elegie 17 in seiner ganzen Härte schildert und von dem die Erzählung seiner *amores* in 2.2.1 ihren Ausgang nahm.

Ehe ich mehr zu den Elegien 2–17 als der einen von zwei Gedichtreihen des Buches sage, möchte ich kurz festhalten, daß es komisch wirkt, wenn Properz seine elegische Gegenwelt mit der Welt epischer Helden auf eine Stufe stellt. Das gilt *mutatis mutandis* für je einen kurzen Abschnitt in Elegie 15 und 16, wo auf die Zeitgeschichte – zu ihrer Schilderung inspiriert Cynthia ja den *poeta* in 2.10.15f. – Bezug genommen wird (15.41–48; 16.37–42). Betrachten wir als Beispiel kurz die eine der beiden Stellen, 15.41–48, da man sie als Beleg für die antiaugusteische Haltung des Properz angeführt hat. Dieser sagt dort über die elegische Liebe als Lebensform:

> *qualem si cuncti cuperent decurrere vitam*
> *et pressi multo membra iacere mero,*
> *non ferrum crudele neque esset bellica navis,*
> *nec nostra Actiacum verteret ossa mare,*
> *nec totiens propriis circum oppugnata triumphis*
> *lassa foret crinis solvere Roma suos.*
> *haec certe merito poterunt laudare minores:*
> *laeserunt nullos pocula nostra deos.*

Wenn alle sich wünschten, ein solches Leben zu verbringen und beschwert vom vielen Wein die Glieder ruhen zu lassen, dann gäbe es keine grausamen Schwerter, keine Kriegsschiffe, und das Meer bei Aktium würde nicht die Gebeine der Unsrigen wälzen, und nicht würde Rom, von seinen eigenen Triumphen so oft ringsum bestürmt, müde davon, vor Kummer die Haare zu lösen. Dies wenigstens werden mit Recht die Nachfahren an mir loben können: Meine Becher haben keinen der Götter verletzt.

Gewiß, die geistige Verwandtschaft zum Pathos des „make love, not war" der Studentenbewegung der sechziger Jahre ist unverkennbar. Aber man darf daran zweifeln, ob der reale Autor der Elegie will, daß man die von ihm geschaffene Figur des *poeta/amator* als Sprachrohr eines politischen Credo ernst nimmt. Denn diese Figur setzt den aus römischer Sicht durchaus gut vertretbaren Motiven, die Oktavian zur militärischen Auseinandersetzung mit Antonius und Kleopatra veranlaßten, als Alternative ein Leben für Liebesnächte und Trunkenheit entgegen.

In der ersten Hälfte von Buch 2 zeichnen wie in Buch 1 die einzelnen Gedichte eine Entwicklung des Properz in seinem Verhältnis zu Cynthia nach. Nach Beendigung des Programmgedichts beginnt er den Bericht über seine Liebeserfahrungen mit diesen Worten (2.20.1 f.):

> *Liber eram et vacuo meditabar vivere lecto;*
> *at me composita pace fefellit Amor.*

Frei war ich und beabsichtigte, mit einem leeren Bett zu leben, doch obwohl Frieden geschlossen war, täuschte mich Amor.

Als Ausgangssituation wird offenbar vorausgesetzt, daß in der „Pause" zwischen der „Handlung" der Monobiblos und derjenigen des neuen Buches eine Trennung von Cynthia erfolgte, Properz aber mittlerweile wieder von Amor (die Anspielung auf die in 1.1.1–8 beschriebene Situation ist unverkennbar) zu dessen Sklaven gemacht worden ist. Ob die *domina* wieder Cynthia ist, bleibt bis zu Elegie 5 offen, da erst dort der Name fällt (wie übrigens auch in Catulls *c.* 5 der Name Lesbia und in Ovids Elegie *Am.* 1.5 der Name Corinna). Die Gedichte 2–5 bieten eine Erweiterung der in 2.1 gegebenen Exposition: In Gedicht 2 wird die Bereitschaft zum *servitium amoris* mit der Schönheit der *puella* begründet, Gedicht 3 fügt erweiternd und steigernd ihre musische Begabung hinzu, Gedicht 4 beschreibt in lehrhaftem Ton den Zustand des *servitium amoris*, und aus Gedicht 5 geht hervor, daß Cynthia nach wie vor untreu ist. Also alles wie gehabt. Aber Properz gibt in Gedicht 5 auch zu erkennen, daß er von Möglichkeiten zur Gegenwehr, die er in seiner Eigenschaft als Dichter hat – in seiner Rolle als *poeta* hatte er sich ja in 2.1 stärker in Szene gesetzt als in der gesamten Monobiblos –, jetzt Gebrauch machen wird, nachdem das in der Monobiblos unterblieben ist. Da er sich aber vorläufig noch darauf beschränkt zu drohen, daß er schreiben werde, Cynthia sei (V. 28) *forma potens* („mächtig in ihrer Schönheit"), aber *verba levis* („in ihren Worten leichtfertig"), nimmt man ihn nicht so recht ernst. So erscheint er denn auch in den Elegien 6–9, in denen er teils in der Pose eines Komödienjünglings (6) und mit naivem Optimismus (7; vgl. bes. V. 19), teils in der Art eines Helden des Epos bzw. der Tragödie (8 und 9) auf Cynthias Seitensprünge reagiert, insgesamt eher lächerlich. Aber in Elegie 10/11 sagt Properz plötzlich, er wolle künftig, wenn auch nicht sofort, die Taten des Augustus besingen, erklärt dann der *puella*, er überlasse das Schreiben über sie jetzt anderen, und prophezeit ihr, sie werde mit ihrem Tode in Vergessenheit geraten.

Freilich erfahren wir schon in Elegie 12, daß Amors Macht Properz nicht entrinnen läßt, und in Elegie 13 betont er, daß ihm das Urteil der *puella* über das, was er geschrieben hat, wichtig sei, um ihr anschließend Anweisungen für ihr Verhalten nach seinem Tod zu geben. Damit ist Properz von dem, was er in Elegie 10/11 verkündet hat, wieder abgekommen. Aber der Elegie 14 sollen wir offenbar entnehmen, daß die *puella*, deren Treulosigkeit dem *poeta* vermutlich den Anlaß zur Abkehr von den Versen über sie gab, sich durch das in Elegie 10/11 Gesagte hat beeindrucken lassen. Denn Properz läßt uns wissen, daß er die Liebesnacht, über die er in Elegie 14 frohlockt und die er im nächsten Gedicht näher beschreiben wird, seiner „Verachtung" (V. 19: *contemnere*) der *puella* zu verdanken habe. Man kann allerdings schon zu Beginn von Elegie 16, wo Properz von der Rückkehr eines Rivalen von einer Reise nach Illyrien berichtet, den Eindruck gewinnen, es sei gar nicht seine Strategie gewesen, die ihm sein Glück mit Cynthia bescherte, sondern die vorübergehende Abwesenheit dieses Mannes. Jedenfalls spricht Properz schon in Elegie 17 wieder in der Situation des *exclusus amator*, dem die *puella* lügnerisch eine Nacht verheißen hat und den sie durch Versprechungen hinhält. Jetzt muß er feststellen (11 f.):

> *quem modo felicem invidia admirante ferebant,*
> *nunc decimo admittor vix ego quoque die.*

Ich, den sie eben noch voller Neid und Bewunderung für glücklich erklärten, werde jetzt kaum alle zehn Tage eingelassen.

Wenn ich recht habe mit meiner Annahme, die Elegie, in der diese Verse stehen, sei das sechzehnte von insgesamt 32 Gedichten, dann ist hier nicht nur das Ende der ersten Hälfte des Buches, sondern auch einer Entwicklung erreicht, die von der zu Beginn von Elegie 2 verkündeten Wiederaufnahme des *servitium amoris* durch Properz ihren Ausgang nahm und über den Versuch einer Abkehr von der Liebesdichtung und vorübergehendes Liebesglück zum Verlust dieses Glücks (*felicem* 15.1 und 17.11) sowie zum erneuten *servitium* führte.

Als Sklaven seiner Liebe, für den es ruhmvoll ist, *in amore mori*, präsentiert Properz sich erstmals in der zweiten Hälfte der Eröffnungselegie des Buches 2 (1.47ff.), nachdem er in der ersten Hälfte des Gedichtes ausführlich von seinem Selbstverständnis als Dichter gesprochen hat. Hatten wir zu diesem Thema auch in der ersten Hälfte von Buch 2 sehr viel erfahren, so lesen wir nun in der zweiten Hälfte des Buches eine Serie von vier Gedichten, in denen Properz sowohl die Leiden des *servitium amoris* besonders eindringlich schildert als auch mehrfach das Thema „Liebestod" variiert: 24 (= 24. 17–50)–27. Zwar berichtet er in den unmittelbar vorausgehenden Gedichten über erneute Versuche einer Distanzierung von Cynthia, aber da Properz diese Versuche nur in seiner Rolle als *amator* unternimmt, diesmal also nicht die Abkehr von der Liebesdichtung ankündigt, und da sie alle scheitern, wird um so deutlicher: Er ist und bleibt wie in der Monobiblos bis zum Ende des Buches von Cynthia sklavisch abhängig.

Jedoch in der zweiten Hälfte von Buch 2 weisen bereits die ersten vier Gedichte Anzeichen einer distanzierten, ja ironischen Haltung des Properz gegenüber der *puella* auf. Elegie 18 z. B. geht offenbar davon aus, daß Cynthia einmal ihr abweisendes Verhalten mit dem fortschreitenden Alter des Properz begründet hat, und dieser reagiert u. a. damit, daß er sie (wie schon in 1.2) auf die Nichtigkeit ihrer Haar- und Gesichtskosmetik aufmerksam macht. Oder nehmen wir Elegie 21: Dort trumpft Properz auf, weil Cynthias *pulcher amator* sie verlassen und eine andere Frau geheiratet hat. Mit den beiden darauffolgenden Gedichten erreicht dann das Bemühen des Properz, aus dem *servitium amoris* auszubrechen, seinen Höhepunkt. In der Elegie 22 (= 22.1–42) gesteht er einem Freund, daß ihm im Theater tags zuvor viele Frauen gefallen hätten. Das Schicksal habe ihn dazu bestimmt, immer „in irgend etwas" verliebt zu sein (V. 18), und nur eine *puella* sei ihm zu wenig, weshalb er in den Armen einer anderen liege, wenn die eine ihm einmal keine Gelegenheit gebe. Wird bereits in diesem Gedicht die elegische Grundhaltung der Bereitschaft zum *foedus aeternum* auf den Kopf gestellt, so erst recht in Elegie 23 (= 22.43–24.16; vgl. dazu Camps [1991]). Denn hier berichtet Properz von Erfahrungen mit Prostituierten. An solchen Frauen wolle er sich erfreuen, und das sei möglich, weil Liebe jeden der Freiheit beraube (23.23f.). Deutlicher kann der Wunsch nach einem Ausbruch aus dem *servitium amoris* nicht formuliert werden. Aber es ist eben nichts weiter als ein Ausbruch, da Properz, wie gesagt, in den nächsten vier Gedichten überwiegend von sklavischer Verfallenheit an die *puella* und vom Liebestod spricht. *Nulla est fuga* („es gibt kein Entrinnen"), sagt er zu sich selbst am Anfang von Elegie 30, und das klingt so, als resümiere er im nachhinein die in der Elegiensequenz 22–27 berichteten Erfahrungen. Alle Gedichte im letzten Viertel von Buch 2 sind von einem Properz gesprochen, der fest auf dem Boden der elegischen „Grundordnung" steht.

Das Festhalten am *servitium amoris* schließt freilich eines nicht aus: In den letzten Gedichten von Buch 2 wird stellenweise wenigstens angedeutet, daß eine Lösung des Properz von der sklavischen Verfallenheit an Cynthia und somit ein Überwechseln von der *Amores*-Dichtung in der Tradition des Gallus zu anderen Formen des elegischen Sprechens erfolgen wird, und zwar schrittweise in Buch 3 und nahezu endgültig von Beginn des Buches 4 an. Was Buch 3 betrifft, ist in Buch 2 besonders auf die Elegien 30 und 34 zu verweisen, die Motive der programmatischen Elegien 3.1/2/3 und 3.4/5 (s. S. 58ff.) vorwegnehmen. In dem einen Gedicht wünscht Properz sich von Cynthia, daß sie ihn zum Aufenthaltsort der Musen begleitet (30.25ff.), in dem anderen verleiht er seinem Dichterstolz Ausdruck. Im Hinblick auf Buch 4 ist vor allem Elegie 31 zu nennen, die, wie ich meine, zusammen mit Elegie 32 ein einziges Gedicht bildet und in der Properz Cynthia (die er allerdings erst in 32.3 namentlich anredet) erklärt, warum er zu spät komme. Der Apollontempel auf dem Palatin sei von Oktavian eingeweiht worden, sagt er und fährt dann fort mit einer Beschreibung des Bildprogramms dieses Bauwerks. Die Elegie beginnt wie ein Aition mit den Worten *quaeris cur* („Du fragst, warum"), aber während Properz hier nur sein Säumen als Liebhaber „aitiologisch" erklärt, erzählt er in 4.6, der Aktium-Elegie, das Aition der Weihung ebendes Tempels, dessen Schönheit laut 2.31 seine Schritte auf dem Weg zur *domina* hemmt. Schon Elegie 2.1 hatte mit den beiden Worten *quaeritis unde* („Du fragst, woher") angefangen (die übrigens auch Buch 5 der *Fasti* Ovids eröffnen). Aber während es dort um die Macht der erotischen Ausstrahlung Cynthias als „Aition" für die Entstehung von *Amores*-Dichtung ging, demonstriert 2.31 die „Macht der Bilder" (Zanker 1987).

3.3 Das dritte Buch

Am Anfang von Buch 3 bittet Properz Kallimachos und Philetas (s. S. 6f.), ihn in ihren Hain eintreten zu lassen (3.10.1f.). Offensichtlich will er sein Dichten jetzt direkt in die Nachfolge der beiden hellenistischen Elegiker stellen, und deshalb fragt er sie, in welcher Grotte sie gemeinsam ihr feingesponnenes Gedicht erschaffen, mit welchem Fuß sie sie betreten und welches Wasser sie getrunken hätten (5f.). Eine

Antwort findet man, wenn man die erste Elegie des Buches wie die Ausgaben mit Vers 38 enden läßt, nicht in diesem Gedicht, sondern erst in der traditionell als Nr. 3 gezählten Elegie. Properz erzählt dort, er habe geträumt, wie er, auf dem Helikon bei der Musenquelle Hippokrene liegend, ein römisches Epos im Stile der *Annalen* des Ennius gesungen habe (ich lese 3.3.7 mit Kierdorf 1994 *cecini*), daraufhin aber von Apollon zur Abfassung erotischer Kleinpoesie aufgefordert worden sei. Der Gott habe ihm dann eine Grotte gezeigt, also doch wohl die, nach der er gefragt hatte. Denn nun habe die Muse Kalliope die Aufforderung des Gottes bekräftigt, Wasser aus der Quelle geschöpft und das Gesicht des *poeta* mit dem „Wasser des Philetas" (3.3.52 *Philitea aqua*) benetzt. Die in dieser Szene zum Ausdruck gebrachte *recusatio* (s. S. 7 f.) ist bereits ein Thema der als Nr. 1 von Buch 3 gezählten Elegie (3.1.6–20), und zwar das erste von zwei Hauptthemen. Das zweite Thema, die Unsterblichkeit der Dichtung des Properz, beherrscht dann wieder die üblicherweise als Elegie 2 angesehenen 26 Verse, die vor dem Beginn der Traumerzählung stehen. Es liegt daher nahe, die gesamte Versgruppe, die durch die in 3.10.5 f. gestellte und in 3.30.52 f. endgültig beantwortete Frage umklammert wird und die Themensequenz *recusatio* – Unsterblichkeit – *recusatio* enthält, als einheitliches Gedicht von 116 Versen zu betrachten. Wir hätten dann wie zu Beginn der Bücher 2 und 4, die ja wahrscheinlich zusammen mit Buch 3 als Trilogie der *Amores* des Properz konzipiert waren (s. S. 37 f.), ein langes Programmgedicht.

Die Elegien, auf die dieses Programmgedicht den Leser einstimmt, knüpfen teils noch an die Elegien des zweiten Buches und damit an die von Gallus begründete Form der *Amores*-Dichtung an, indem sie von den Liebeserfahrungen des Properz mit seiner *puella* erzählen, teils an die hellenistische Elegie, in deren Nachfolge der *poeta* sich in 3.10.1 f. stellt. Da Properz sich im Programmgedicht von Buch 4 als Aitien erzählender *Callimachus Romanus* (4.1.64) präsentieren wird und da in diesem Buch Cynthia dann nur noch in zwei Gedichten (7 und 8) persönlich in Erscheinung tritt, markiert das mittlere Buch der *Amores*-Trilogie den Übergang zu einem Stadium des elegischen Dichtens, in dem der jüngere von dem älteren Gattungstyp fast ganz verdrängt ist. Schon in Buch 3 steht Cynthia nur noch in den Elegien 6, 8, 10, 16 und 24/25 im Zentrum – die *puella* in 20 ist sehr wahrscheinlich nicht mit ihr identisch (s. S. 64 f.) –, während ihr in der jeweiligen Thematik der Gedichte 1/2/3 (dort nur 2.2), 4/5, 7, 11, 14, 15, 19, 21 und 23 eine untergeordnete Funktion zugewiesen ist und sie in 9, 12, 13, 17, 18 und 22 nicht einmal erwähnt wird.

In dem auf die Programmelegie folgenden ersten Gedicht kann man zunächst noch den Eindruck gewinnen, Cynthia werde in Buch 3 eine ähnliche Rolle wie in Buch 2 spielen. Denn die 22 Verse, die die Ausgaben als Elegie 4 zählen, zeigen uns Properz beim Variieren einer vertrauten Pose, die er besonders eindrucksvoll in 2.1, 2.7 und 2.15 einnimmt: Er wählt einen von Augustus geplanten Indienfeldzug, dem er viel Erfolg wünscht, zum Anlaß, sich vorzustellen, wie er als Zuschauer beim anschließenden Triumphzug in den Schoß der *puella* gebettet ist. Das erscheint als ein aus der Situation des erlebenden Ich gesprochenes erneutes Bekenntnis zu der Devise „make love, not war". Doch wenn man im Gedichtbuch weiterliest, stellt man fest, daß es Properz jetzt mehr um die schon im Programmgedicht zum Ausdruck gebrachte Form der *recusatio*, also das Ablehnen der epischen, von Kriegen handelnden Dichtung zugunsten „friedlicher" Poesie, und damit um eine poetologische, nicht eine primär erotische Aussage geht. Der allgemein als Elegie 5 gezählte Verskomplex beginnt mit den Worten:

> *Pacis Amor deus est, pacem veneramur amantes:*
> *stant mihi cum domina proelia dura mea.*

Amor ist ein Gott des Friedens, dem Frieden huldigen wir Liebenden; nur mit meiner Herrin habe ich ständig harte Kämpfe.

Im weiteren Verlauf der Elegie, in der Properz zunächst seinen Verzicht auf Reichtümer, wie der Soldat sie ja als Siegesbeute gewinnen kann, artikuliert (3–18), erklärt der *poeta* dann, er wolle, „sobald das drückende Alter die Liebesfreuden wegnehme und das Weiß des Greisenalters die schwarzen Haare besprengt" (23f.), sich ganz der Lehrdichtung, also vermutlich dem didaktischen Epos und somit einer in der Antike als „friedlich" angesehenen Gattung widmen (23–46). Und er schließt mit den Worten (47f.):

> *exitus hic vitae superest mihi: vos, quibus arma*
> *grata magis, Crassi signa referte domum.*

Dieses Lebensende steht mir bevor: Ihr, denen das Waffenhandwerk willkommener ist, bringt die Feldzeichen des Crassus nach Hause zurück!

Da diese beiden Verse das Thema der allgemein als Gedicht 4 gezählten Versgruppe wiederaufnehmen (vgl. bes. 4.9: *Crassos cladem que piate*), bietet es sich an, erst hier das Ende der mit 3.4.1 beginnenden Elegie anzusetzen. Wir hätten dann ein Gedicht vor uns, das einerseits die Reihe der *puella*-Gedichte eröffnet, andererseits durch die Kombination von Lebenswahl und Gattungswahl, die im Programmgedicht zu Buch 3 nur angedeutet ist (2.2), direkt an das Programmgedicht zu Buch 2 anknüpft. Dort ging es primär um die Lebenswahl, von der die Gattungswahl abhängig war – nicht Kalliope und Apollon inspirierten Properz, sondern die *puella* -, während der Schwerpunkt jetzt wie schon im Programmgedicht zu Buch 3, wo Kalliope und Apollon nun doch noch die Dichterweihe vollziehen, auf die Gattungswahl verlagert wird.

Die von Elegie 4/5 eröffnete Reihe der *puella*-Gedichte endet mit Versen, in denen Properz Abschied von Cynthia nimmt und die zugleich Buch 3 abschließen. Hier werden traditionell die Gedichte 3.24 und 3.25 unterschieden, aber in der Properz-Forschung ist heute die Meinung vorherrschend, daß eine einzige Elegie vorliegt. Argumentiert wird u.a. damit – einleuchtend, wie ich meine –, daß beide Versgruppen betont zahlreiche intratextuelle Bezüge zu 1.1 herstellen und mit ihren insgesamt 19 Distichen denselben Umfang haben wie das Eröffnungsgedicht der Monobiblos. Aufgrund dieses Befundes wurde ferner die weniger überzeugende Auffassung vertreten, 1.1 und 3.24/25 rahmten ein in sich geschlossenes Triptychon der „Cynthia-Bücher" 1–3, von dem Buch 4 als eigene Sammlung zu unterscheiden sei. Aber die *puella* spielt, wie gesagt, in Buch 3 nicht mehr wie in Buch 1 und 2 die führende Rolle, und es trifft überdies nicht zu, daß 3.24/25 die Trennung des Properz von Cynthia anzeigt: Buch 4 setzt in den Gedichten 5, 7 und 8 ganz selbstverständlich voraus, daß die beiden weiterhin ein Paar sind. Die Bezugnahme von 3.24/25 auf 1.1 bewirkt also geradezu einen Trugschluß. Zu einem solchen trägt außerdem eine bemerkenswerte Motivparallele zwischen 3.24/25 und 3.4/5 bei. Dort spricht Properz von der *alba senecta* („Weiß des Greisenalters") in seinen schwarzen Haaren als Merkmal seiner *gravis aetas* („drückendes Alter", 3.5.24), während er in 3.24/25 Cynthia eine *aetas gravis* wünscht und ihr prophezeit, sie werde dann ihre *albi capilli* („weiße Haare") mitsamt der Wurzel ausreißen wollen (3.25.11–13). Beide Stellen stehen in engem Zusammenhang mit dem Thema „Abschied von den Elegien über Liebeserfahrungen des Dichters". Hatte Properz sich in 3.4/5 für das Alter als die Zeit, die „die Liebesfreude wegnimmt", das Überwechseln zur Lehrdichtung vorgenommen, so darf man aus der Tatsache, daß der *poeta* Cynthia in 3.24/25 seine Liebe aufkündigt, die Folgerung ziehen, er wolle jetzt schon damit aufhören, erotische Elegien zu schreiben. Doch gleich der Elegie 4.1 kann man entnehmen, daß es auch in dem letzten Elegienbuch des Properz so weit nicht kommen wird.

Auf jeden Fall besteht eine deutlich erkennbare thematische Verbindung zwischen 4/5 als der ersten auf das Programmgedicht folgenden Elegie und 24/25 als der letzten Elegie des Buches. Da die von 4/5 und 24/25 in der gerade gezeigten Weise umklammerte Gedichtreihe insgesamt 20 Elegien umfaßt, weist Buch 3 wie Buch 1 – immer vorausgesetzt, daß meine Überlegungen zu den Gedichtgrenzen richtig sind – das Aufbauschema 1 + 20 auf (und dem wird in Buch 4 das Aufbauschema 1 + 10 entsprechen). In der Gedichtreihe 4/5–24/25 wechseln *puella*-Gedichte bzw. Elegien primär erotischen Inhalts mit Elegien zu anderen Themen ab. Der zweiten Gruppe möchte ich mich in der nun folgenden Übersicht zunächst zuwenden.

Die nichterotischen Elegien, die in der Regel einen größeren Umfang haben als die erotischen, befassen sich größtenteils mit der Welt des Strebens nach Macht und Besitz, von der Properz sich als *poeta/amator* in der Tradition der *Amores*-Dichtung des Gallus und seiner Elegienbücher 1 und 2 sowie als Verfasser von Gedichten in der Tradition der hellenistischen Elegie absondert. So folgt gleich auf das erste Gedicht, in dem Cynthia im Zentrum steht (6), eine Elegie, in der Properz die Gier nach Reichtum, die er in 4/5 von seinem Dasein als elegisch Liebender ausgeschlossen hat (3.50.3ff.), für den Untergang eines Paetus mit seinem Schiff auf hoher See verantwortlich macht. Zwischen dem zweiten und dritten Gedicht mit der *puella* im Mittelpunkt (8 und 10) steht die zweite der beiden Elegien des Properz an Mäcenas, die wie die erste (2.1) dem Thema *recusatio* gewidmet ist und damit an die Aussage der Programmelegie von Buch 3 anknüpft. Schließlich wird Elegie 12 über die Treue einer Galla zu ihrem als *miles* von daheim abwesenden Postumus von zwei Gedichten gerahmt, in denen es um Frauen geht, die gegen die römische Geschlechterordnung (s. S. 19f.) verstoßen und somit in Kontrast zu Galla gestellt werden: Elegie 11 präsentiert überwiegend ein negatives Bild der Kleopatra, in Elegie 13 wird eine Diatribe gegen geldgierige und verschwenderisch lebende Frauen zu einer allgemeinen Kritik an der im zeitgenössischen Rom herrschenden Einstellung zu materiellen Gütern ausgeweitet. Thematisch eng damit verbunden ist das unmittelbar anschließende Gedicht 14, in dem die Zucht der Spartanerfrauen als vorbildlich für Rom gepriesen wird. Es ist schwer zu sagen, ob die Elegien, in denen die *persona* ihres Verfassers sich moralisch engagiert zeigt und damit unverkennbar bestimmte Motive in den Büchern 1–3 der *Oden* des Horaz abwandelt, vom Leser ernstgenommen sein wollen. Das auffallend übertriebene Pathos dieser Gedichte, das nicht so recht zur Pose des bescheidenen Verfassers elegischer Kleinpoesie passen will, spricht eher dagegen. Andererseits erinnern die sittenkritischen Elegien durch ihren lehrhaften Ton an die Paränetik der frühen griechischen Elegie (s. S. 4f.) und sollen vielleicht an sie anknüpfen.

Die bisher angesprochenen Elegien bilden zusammen mit den Cynthia-Gedichten, wenn meine Einteilung akzeptiert wird, die ersten zehn der auf das Programmgedicht folgenden zwanzig Elegien und damit die erste Hälfte des Buches. Fünf Elegien der zweiten Buchhälfte, Nr. 20–24/25, schließen sich zu einer thematisch eng verknüpften Gruppe zusammen, da sie alle im Zeichen des (vermeintlichen) Abschieds von Cynthia bzw. der Cynthia-Dichtung stehen und somit zumindest implizit den Auftritt des Properz als *Callimachus Romanus* in Buch 4 vorbereiten. Von den ersten fünf Elegien der zweiten Buchhälfte (Nr. 15–19) stellt nur eine, Nr. 16, Cynthia in den Mittelpunkt. In dem unmittelbar vorausgehenden Gedicht (15) spricht Properz die *puella* nur kurz am Anfang und am Schluß an (V. 1–10. 43–46), um seiner ausführlichen Erzählung des Mythos von Antiope einen Rahmen zu geben und sich damit der hellenistischen Elegie in der Nachfolge der *Lyde* des Antimachos (s. S. 6) zu nähern. In Elegie 17 fleht Properz Bacchus um Befreiung von seinen Liebesqualen an und offeriert als Gegenleistung ein ganz dem Gott geweihtes Leben sowie eine poetische Verherrlichung seiner Macht. Intertextualität mit Horazens Ode 3.25, wo der Sprecher sich von dem Weingott zum Preis des Augustus inspirieren läßt, mag zu der Überlegung anregen, warum das elegische im Gegensatz zu dem lyrischen Ich nur von Bacchus selbst singen möchte. In vergleichbarer Weise stellt Elegie 18, ein Nachruf auf Marcellus, den im Jahre 23 v. Chr. früh verstorbenen Neffen und designierten Nachfolger des Augustus, vor die Frage, warum im Gegensatz zu dem Nachruf in Vergils *Aeneis* (6.860 ff.) hier kaum von dem

Toten selbst die Rede ist, dagegen ausführlich der abgedroschene Topos behandelt wird, daß der Tod alle gleich macht und niemand ihm entrinnen kann. Es besteht freilich kein Grund, dem Verfasser von Gedicht 17 und 18 eine antiaugusteische Haltung zu unterstellen. Denn es ist in beiden Fällen wieder die Gattung Elegie, die einen besonderen Umgang mit der Thematik verlangt.

Elegie 19, in der Properz die in der Antike gängige These vertritt, die Frauen seien von der *libido* stärker beherrscht als die Männer, und zum Beleg mehrere Mythen anführt, erinnert an einen entsprechenden Passus in der *Ars amatoria* Ovids (1.281 ff.). Dies ist einer von zahlreichen Fällen, wo Properz nicht nur Themen des jüngeren Elegikers sozusagen vorwegnimmt, sondern auch bereits etwas von dessen Frivolität verspüren läßt. Alle Cynthia-Elegien in der ersten Hälfte von Buch 3 wirken insofern ovidisch, als ähnlich wie in den *Amores* (für die das noch zu zeigen sein wird) die elegischen „Wertbegriffe", die doch Buch 1 und 2 so entscheidend prägten, kaum noch in ihrer „klassischen" Form verwendet werden. So ist in Elegie 6 in Umkehrung der sonst üblichen Konstellation der Mann derjenige, der sich eine lange Klage über Untreue anhört. Dieser Properz kann dann auch in Elegie 8 gewalttätige Handlungen der *puella* im Streit mit ihm souverän als Zeichen wahrer Liebesleidenschaft deuten. In Elegie 10 kann er Cynthia anläßlich ihres Geburtstages Anweisungen geben, wie das gemeinsame Feiern so zu arrangieren ist, daß es zielsicher im Bett endet, von dem Properz doch in Buch 1 und 2 so wenig zu berichten weiß. Zwar reagiert Properz in Elegie 16 auf einen Brief der *domina*, in dem sie ihm befiehlt, unverzüglich zu ihr nach Tibur zu kommen, wieder eher wie ein Liebessklave, aber in der gleich anschließenden Elegie erfolgt schon die mit dem elegischen Verhaltenskodex unvereinbare Bitte an Bacchus um Befreiung vom *servitium amoris*. Und das Gedicht 20 hat Properz offenbar in der Absicht verfaßt, eine andere *puella* als Cynthia für eine Beziehung zu gewinnen. Denn was er zu dieser Frau sagt, kann sich schwerlich an Cynthia richten: In Erwartung der ersten Nacht insistiert er von vornherein auf einem eheähnlichen Charakter seines Verhältnisses zu der Angeredeten, macht also die Bereitschaft zum *foedus aeternum*, das Cynthia ihm verweigerte, zur Bedingung.

Auf Gedicht 20, das die Reihe der fünf letzten Elegien des dritten Buches eröffnet, folgt mit Nr. 21 eine Elegie, die wie 24/25 den direkten Bezug zu einer Elegie in Buch 1 herstellt. In 1.6 hatte Properz seinem Freund Tullus die Bitte, ihn auf einer Expedition nach Kleinasien zu begleiten, unter Verweis darauf abgeschlagen, daß Cynthia und die von ihr repräsentierte Lebensform ihn zurückhielten (s. S. 42f.). Jetzt dagegen verkündet er, er plane eine Bildungsreise nach Athen, die ihn von seiner „drückenden Liebe" (21.2: *gravi amore*) befreien soll. Das Studium von Autoren wie Platon, Epikur, Demosthenes und Menander sowie die Betrachtung von Werken der bildenden Kunst sollen seinen Geist läutern (25–30). Da das Motiv der Seereise in der augusteischen Dichtung häufig als Metapher für den Vorgang des Dichtens verwendet wird, darf man hier zwischen den Zeilen lesen, daß Properz als Elegiker einen intensiveren Rekurs auf die griechische Literatur als bisher ankündigt. In der Tat wird ja sein viertes Buch Aitien in der Nachfolge des Kallimachos enthalten. Aber sein Stoff wird nicht ein griechischer, sondern Rom sein. Vielleicht bringt er das in dem auf Elegie 21 folgenden Gedicht, das wie 1.6 an Tullus gerichtet ist, zum Ausdruck. Denn er fordert den Freund darin auf, in die Heimat zurückzukehren, und indem er ihre landschaftliche Schönheit und ihre Kultur ähnlich enthusiastisch preist wie Vergil in den *laudes Italiae* seiner *Georgica* (2.136ff.), gibt er einen Vorgeschmack auf thematisch verwandte Passagen in Buch 4. Wer die immanente Poetik dieses und des vorausgehenden Gedichtes erkennt, wird sie auch in Gedicht 23 entdecken: Dort berichtet Properz von dem Verlust seiner Schreibtäfelchen, die ihm immer schöne Erfolge gebracht hätten (10), und zitiert kurze Briefe der *puella* an ihn, die darauf gestanden haben könnten. Die Allegorie auf den Abschied von dem Typ der *Amores*-Dichtung, wie vor allem Buch 1 und 2 ihn bieten, ist klar erkennbar.

Liest man schließlich auch Elegie 24/25, in der Properz Cynthia den Abschied erklärt, unter poetologischem Aspekt, verliert das Gedicht viel von dem Pathos, das es, wenn man nur die Stimme des verbitterten *amator* vernimmt, reichlich zu verströmen scheint. Man betrachte etwa die folgenden Verse (24.15–18):

> *ecce coronatae portum tetigere carinae,*
> *traiectae Syrtes, ancora iacta mihi est.*
> *nunc demum vasto fessi resipiscimus aestu,*
> *vulneraque ad sanum nunc coiere mea.*

Siehe, das bekränzte Schiff hat den Hafen erreicht, durchfahren sind die Syrten, ich habe den Anker geworfen. Jetzt endlich komme ich, von der ungeheuren Brandung erschöpft, wieder zu Verstand, meine Wunden haben sich jetzt geschlossen und sind heil.

Gewiß, das ist eine eindringliche Bildersprache, die die seelische Verfassung des Sprechenden eindrucksvoll veranschaulicht. Aber das landende Schiff findet sich in der römischen Poesie mehrfach am Ende von Büchern, ist also hier ebenfalls nicht nur Metapher für das Ende einer „Liebesgeschichte", sondern auch eines literarischen Diskurses. Die ironische Färbung der Verse, die man aufgrund der Kenntnis solcher Zusammenhänge wahrnimmt, ist am Ende des Gedichtes besonders deutlich zu sehen (25.11–18):

> *at te celatis aetas gravis urgeat annis,*
> *et veniat formae ruga sinistra tuae!*
> *vellere tum cupias albos a stirpe capillos,*
> *a! speculo rugas increpitante tibi,*
> *exclusa inque vicem fastus patiare superbos*
> *et quae fecisti facta queraris anus!*
> *has tibi fatalis cecinit mea pagina diras:*
> *eventum formae disce timere tuae.*

Doch dich, auch wenn du deine Jahre verheimlichst, möge das drükkende Alter bedrängen, und es sollen sich Runzeln zeigen, unheilvoll für deine Schönheit! Ausreißen möchtest du dann gerne die weißen Haare mitsamt der Wurzel, wenn – wehe! – der Spiegel dir deine Runzeln zuschreit. Draußen vor der Tür mögest zur Abwechslung du dann stolze Verachtung ertragen und, was du anderen angetan hast, als dir angetan beklagen als alte Frau. Diese schrecklichen Verwünschungen hat dir mein Lied gesungen; lerne zu fürchten, was deiner Schönheit bevorsteht.

Das ist nicht mehr die Sprache des elegisch Leidenden, sondern des bissigen Jambikers. Denn die einst wegen ihrer göttlichen Schönheit gepriesene *puella* wird in dieser Zukunftsvision zu der komischen Figur der mannstollen Vettel, wie man sie etwa aus den Epoden des Horaz und den Spottepigrammen Martials kennt. Und dadurch, daß Properz diese Karikatur Cynthias zeichnet, wird in Frage gestellt, daß er es mit der Verabschiedung von ihr wirklich ernst meint. Man braucht sich also eigentlich gar nicht zu wundern, wenn man in Buch 4 erfährt, daß es zu der hier verkündeten Trennung des *poeta/amator* von der *puella* offenbar gar nicht gekommen ist.

3.4 Das vierte Buch

Das Programmgedicht zu Buch 4, dem dritten Teil der *Amores*-Trilogie (s. S. 37f.), unterscheidet sich von den Elegien 2.1 und 3.1–3 darin, daß es nicht wie diese von den Ursprüngen der Dichtung des Properz seinen Ausgang nimmt – der Inspiration durch Cynthia in 2.1 sowie durch Apollon und Kalliope in 3.1–3 –, sondern von den Ursprüngen Roms. Properz beginnt mit den Worten (4.1.1–4):

> *Hoc quodcumque vides, hospes, qua maxima Roma est,*
> *ante Phrygem Aenean collis et herba fuit;*
> *atque ubi Navali stant sacra Palatia Phoebo,*
> *Euandri profugae concubuere boves.*

All dies, was du siehst, Fremder, soweit sich das riesige Rom erstreckt, war vor der Ankunft des Phrygers Äneas Hügel und Gras.

Und wo für Phöbus, den Herrn der Schiffe, das Heiligtum auf dem Palatin steht, da lagerten sich die heimatlosen Rinder des Euander.

Properz als Fremdenführer bietet dem *hospes*, bei dem es sich vermutlich um den in der zweiten Hälfte des Gedichtes sprechenden Astrologen Horos handelt, in der ersten Hälfte (1–70) dies: eine skizzenhafte aitiologische Einführung in Roms Topographie – dabei spielen die Bauten des Augustus eine besondere Rolle –, religiöse Feste, die Haupt- und Staatsgeschäfte und die Frühgeschichte der Stadt vom Untergang Trojas bis zum Mauerbau (1–56). Denn, so fährt Properz fort, er wolle die Mauern nun in Versen „aufstellen" (57: *moenia ... disponere uersu*), und zwar werde er als der aus Umbrien stammende römische Kallimachos folgende Themen behandeln (69): *sacra diesque ... et cognomina prisca locorum* („die heiligen Bräuche und Festtage ... und die alten Ortsnamen"). Doch damit ist Horos offenbar nicht einverstanden. Nachdem er sich als Astrologe vorgestellt und in der dunklen Redeweise, die für einen solchen typisch ist, auf einige Themen der Rede des Properz Bezug genommen hat (71–119), verkündet er unter Verweis auf Horoskop und Vita des Dichters, diesem sei es von Jugend an bestimmt, Elegien zu schreiben, in deren Zentrum eine einzige *puella* steht (120–150). Auf diese Weise wird der Leser wieder durch ein Programmgedicht auf den Inhalt des Elegienbuches eingestimmt. Denn der Gegenüberstellung von zwei Reden zum Thema „Gattungswahl" entspricht es, daß Buch 4 mythologische Elegien in der Tradition der *Aitia* des Kallimachos mit erotischen Elegien in der Tradition der *Amores*-Dichtung vereint.

Bei erster Lektüre des Buches kann man den Eindruck gewinnen, daß die beiden Elegientypen alternieren, wobei das Ordnungsprinzip nur einmal durchbrochen scheint: Auf Nr. 7, ein Cynthia-Gedicht, folgen mit Nr. 8 ein weiteres Cynthia-Gedicht, dann zwei Elegien, die römische Bräuche erklären (9 und 10), und schließlich wieder ein motivisch mit Elegie 7 verwandtes Gedicht, die Cornelia-Elegie (11). Es sieht deshalb so aus, als seien Elegie 8 und 9 „vertauscht". Aber nähere Betrachtung lehrt, daß Elegie 8 sich zumindest am Anfang als Aition präsentiert – es geht in V. 3–14 um den Kult der Juno Sospita in Lanuvium –, während Elegie 9 mit einem Herkules überrascht, der, weil ihm das Betreten eines Haines der Bona Dea verwehrt ist, die Priesterinnen, die in V. 23 als *puellae* bezeichnet werden, wie ein *exclusus amator* um Einlaß in ihr Heiligtum bittet. In beiden Elegien sind also Elemente der beiden Gattungstypen, die Buch 4 enthält, miteinander verschmolzen, und das gilt auch für alle übrigen Gedichte des Buches. Was uns das Redenpaar in 4.1 implizit ankündigt, ist ein subtiles literarisches Spiel mit der Gattung. Besonders kennzeichnend dafür ist, daß von Erfahrungen im Bereich der Erotik, über die in der *Amores*-Dichtung ein Mann zu berichten pflegt – das ist ja in Buch 1–3 des Properz der Fall –, in Buch 4 mehrmals eine *puella* erzählt. Immerhin zweimal ist ein ganzes Gedicht hindurch das sprechende Ich das einer Frau (4.3 und 4.11), und in drei weiteren Gedichten hören wir längere Reden aus weiblichem Mund (4.31–90; 5.21–62; 7.14–94). Da überdies alle Männer, die in den Elegien von Buch 4 „ich" sagen, weibliche Züge tragen, zeigt sich deutlich: Das Spiel mit der römischen Geschlechterordnung (s. S. 19 f.), das schon für Catull und die *Amores*-Dichtung seit Gallus charakteristisch ist, prägt auch ganz entscheidend die Elegien des *Callimachus Romanus*.

Die Rede des „Fremdenführers" Properz in dem Programmgedicht weckt die Erwartung, das Thema der aitiologischen Elegien werde das Augusteische Rom sein. Das trifft auch auf mehrere Gedichte zu, vor allem auf die im Zentrum des Buches stehende Elegie 6 über den palatinischen Apollon, jedoch nicht auf die Statue des Vertumnus, die in 4.2, dem ersten aitiologischen Gedicht, durchgehend spricht. Sie stand auf dem *Forum Romanum* am Eingang einer belebten Straße der Innenstadt, des *Vicus Tuscus* und dürfte zu Lebzeiten des Properz schwerlich dazu beigetragen haben, die „Macht der Bilder" des Augustus (Zanker 1987) zu demonstrieren. Da Vertumnus in der Elegie hauptsächlich von seinen Verwandlungskünsten erzählt und dabei auch auf seine Fähigkeit verweist, sowohl die *puella* des elegisch Liebenden als auch den *vir* zu spielen (23f.), erinnert er deutlich an den Properz von Buch 4, dessen *persona* hier ebenfalls mehrere Metamorphosen durchläuft. Man darf Elegie 2 also als zweites Programmgedicht betrachten. Vermutlich wird in dieser Elegie erstmals auf einen der *dies* angespielt, von denen Properz in Buch 4 außer von *sacra* und *cognomina prisca locorum* singen will (4.1.69). Denn Vertumnus sagt in V. 12, er pflücke „die Erstlingsfrucht des sich wendenden Jahres", und das darf man mit Christine Shea (1984, 46f.) als Hinweis auf den 21. März als Beginn der Feldarbeit betrachten. Auf jeden Fall wird in 4.40.73ff. das Fest der Parilien am 21. April als Datum für den Verrat Roms durch Tarpeja, von dem Elegie 4 handelt, explizit angegeben. Ferner kann man dies voraussetzen: Die Zeitgenossen dachten bei der Lektüre von Elegie 6 über den Apollon von Aktium an den 8. Oktober als den Tag der Weihe des Apollontempels auf dem Palatin. Außerdem wußten sie, daß das Fest der Juno Sospita, von dem in Elegie 8 die Rede ist, am 1. Februar gefeiert wurde und der Monat der Bona Dea, deren Heiligtum Herkules in Elegie 9 betritt, der Dezember war. Die in Buch 4 direkt oder indirekt angesprochenen Termine für Feste sind also in der kalendarischen Reihenfolge angeordnet, wobei wieder Elegie 8 und 9 „vertauscht" erscheinen. Wenn dabei ein Märztag den Anfang macht, dann entspricht das der Tatsache, daß das römische Jahr ursprünglich mit dem Monat des Mars begann.

Das vierte Elegienbuch des Properz erweist sich somit als Vorläufer der *Fasti* des Ovid, eines aitiologischen Kommentars zum römischen Kalender in elegischen Distichen. Eine weitere Anregung für ein elegisches Werk gab der ältere dem jüngeren Dichter mit Elegie 4.3: Wie in Ovids *Epistulae Heroidum* schreibt hier eine Frau sehnsüchtig an den von ihr geliebten Mann, und zwar Arethusa an ihren Gatten Lycotas, der an einem Kriegszug im Osten des Römischen Reiches teilnimmt. Während in erotischen Elegien, wo ein Mann „ich" sagt, dieser als *exclusus amator* die Treppenstufen vor dem Haus der *puella* mit Küssen bedecken kann (Prop. 1.16.42), befindet sich hier die *puella* im Haus und küßt die Waffen des Mannes (V. 30). In Elegie 4.4, in der Tarpeja Rom an die Sabiner verrät, wird das Motiv „Liebhaber liegt vergeblich wartend vor der Tür" dahingehend variiert, daß die *puella* den Mann vergeblich liebt – es ist der Sabinerkönig Tatius – und diesem „ihre" Tür öffnet, nämlich die *porta* (87) zur Burg. Die lange Rede der Tarpeja, in der sie von ihrer Liebe zu Tatius spricht (31–90), gleicht wie der Brief der Arethusa den *Epistulae Heroidum* Ovids und erweist sich auch unter diesem Aspekt als weibliches Gegenstück zu der von einem *amator* gesprochenen Elegie. Der hier vollzogene Wechsel des elegischen *point of view* liefert auch die Voraussetzung für das Verständnis der Elegien 5 und 7. In 4.5 belehrt eine Kupplerin namens Acanthis die *puella* darüber, wie sie sich ihren *amator* Properz – auf ihn weisen eindeutig die Verse 54 ff. – durch die Tricks einer skrupellosen Hetäre gefügig machen kann. So gewinnen wir den Eindruck, daß wir jetzt aus der Sicht der *puella* und ihrer Beraterin die „Wahrheit" über die Voraussetzungen für das *servitium amoris* des Properz in den früheren Büchern erfahren: Es waren weniger Schönheit und musische Begabung Cynthias als ihre Verführungskünste. Cynthia selbst jedoch stellt ihr Verhältnis zu Properz in 4.7 in einem Rückblick wieder ganz anders dar: Treulos sei nicht sie gewesen, sondern der *poeta*.

Die *puella* spricht in diesem Gedicht als Verstorbene, die Properz erscheint, als er sich nach ihrer Bestattung schlafen gelegt hat. Diese „Epiphanie" einer Toten in 4.7 bildet einen starken Kontrast zu derjenigen des Apollon in der vorausgehenden Elegie 4.6. Properz schildert in dem Gedicht, das den Tempel des Gottes auf dem Palatin aitiologisch erklärt, wie dieser sich während der Seeschlacht bei Aktium über das Schiff des Oktavian-Augustus stellt und ihn zu tapferem Kampf ermuntert. Zeigt sich Apollon hier noch in der Pose des grausam strafenden Gottes aus dem ersten Buch von Homers *Ilias* und in derjenigen des Drachentöters (33–36), so läßt Properz ihn, nachdem er das Aition der Tempelweihe zu Ende erzählt hat, die Waffen ablegen, nach der Laute verlangen und an Reigentänzen teilnehmen (69f.). Ebenso wie der Gott sich auf diese Weise in eine zu der Gattung Elegie besser passende Gestalt verwandelt, spricht Properz am Ende des Gedichtes, an dessen Anfang er als Priester aufgetreten war, wieder als elegischer Dichter. Er erzählt, wie er sich mit anderen Poeten in einem Hain zu einem Gelage trifft, um mit ihnen beim Wein von weiteren militärischen Erfolgen zu singen, die unter dem Prinzipat des Augustus errungen wurden. Das Gedicht schließt mit den Worten (85f.)

> *sic noctem patera, sic ducam carmine, donec*
> *iniciat radios in mea vina dies.*

So will ich die Nacht mit der Trinkschale, so mit Gesang verbringen, bis der Tag seine Strahlen in meinen Wein wirft.

Bedenkt man, daß Properz zu Beginn des auf 4.6 folgenden Gedichtes schläft, dann darf man, wenn Cynthia, die dem *poeta* in 4.7 als Tote erscheint, in 4.8 wieder lebend auftritt, sich im nachhinein vorstellen, Properz sei über dem Weintrinken dann doch noch eingenickt und habe die Beisetzung der *puella* und die Rede ihres Schattenbildes nur geträumt. Die Reihenfolge der Gedichte, die ohne eine solche Erklärung ungewöhnlich erscheint, wenn man die Cynthia-Gedichte bisher als „Liebesgeschichte" gelesen hat, läßt sich freilich auch anders erklären. In Elegie 8 wird erzählt, wie Cynthia Properz bei einer *ménage à trois* überrascht, ihn verprügelt und sich erst dann mit ihm im Bett versöhnt, als sie jede Stelle, die die beiden fremden *puellae* berührt haben, ausgeräuchert und die Schwelle mit klarem Wasser gereinigt hat. Die Szene läßt deutlich die Motivstruktur der Erzählung vom Freiermord und von der Wiedervereinigung des Odysseus mit Penelope in Buch 22 und 23 der *Odyssee* erkennen. Da sich als Referenztext für die Rahmenerzählung in Elegie 4.7 die Szene in Buch 23 der *Ilias* nachweisen läßt, in der der tote Patroklos seinem

Freund Achilles erscheint (58 ff.), entspricht die Abfolge der beiden Elegien ganz einfach der Chronologie der beiden Epen Homers. Man sieht wieder einmal, wie wichtig Properz sein intertextuelles Spiel ist.

In den letzten drei Gedichten wird mehrfach auf Szenen in der *Aeneis* Vergils Bezug genommen. So beginnt Elegie 9 mit der Geschichte vom Kampf des Herkules mit Cacus. Aber im Gegensatz zu dem epischen Erzähler in Buch 8 der *Aeneis* (185 ff.) schildert der Elegiker den Kampf nicht ausführlich, sondern widmet sich vor allem der anschließenden Szene, in der der Sieger sich, wie bereits erwähnt wurde, in eine gar nicht heldenhafte Figur verwandelt, die an diejenige des *exclusus amator* erinnert. In Elegie 10 ist dann länger von kriegerischen Handlungen die Rede. Thema ist die Aitiologie des Brauchs römischer Feldherrn, dem Jupiter Feretrius, dessen Tempel auf dem Kapitol Augustus wiederherstellen ließ, die Rüstung des im Zweikampf besiegten feindlichen Heerführers (*spolia opima*) zu weihen. Aber obwohl Properz gleich drei solche Zweikämpfe erzählt, umfaßt das thematisch am wenigsten in die gesamte Elegiensammlung passende Gedicht nur 48 Verse und ist damit das kürzeste in Buch 4. Dieses und damit zugleich die *Amores*-Trilogie beendet Properz mit einer langen Elegie, in der ausschließlich Cornelia spricht, die im Jahre 16 v. Chr. verstorbene Frau des ehemaligen *consul suffectus* (34 v. Chr.) und Zensors (22 v. Chr.) L. Aemilius Paullus Lepidus und Halbschwester Julias, der Tochter des Augustus. Die vornehme Römerin legt vor einem Tribunal in der Unterwelt, die an die in Buch 6 der *Aeneis* geschilderte erinnert, Rechenschaft über ihr Leben ab und führt dabei zu ihrer Rechtfertigung u.a. an, daß sie nur einmal verheiratet war und ihrem Mann treu geblieben ist. Nicht nur die Motivverwandtschaft mit der Rede der toten Cynthia, die ebenfalls ihre Treue zu Properz hervorhebt, fällt auf, sondern allgemein die implizite Parallelisierung von Wertbegriffen der römischen Oberschicht mit denen der elegischen Welt, die durch die Position der Elegie als Schlußgedicht besonders hervorgehoben wird.

Wie ernst der Autor von 4.11 genommen werden will, ist schwer zu sagen. Da die Erwähnung des Augustus, der am Grab der Cornelia weint (V. 58), wie eine abschließende Widmung des Buches oder sogar der gesamten *Amores*-Trilogie an den Prinzeps erscheint, ist an ein systemkritisches Spiel mit Römertugenden schwerlich zu denken. Allenfalls mit der eigenen *persona* spielt der Verfasser von Elegien, in denen meistens ein immer wieder feminin wirkender *poeta/amator* „ich" sagt. Denn er spricht seine letzten Worte mit der Stimme einer Frau. Wie diese sagt (V. 36):

in lapide hoc uni nupta fuisse legar.

Auf diesem Grabstein soll man lesen, daß ich die Gattin eines einzigen Mannes war,

so hatte Properz in Buch 2 gesagt, er wünsche sich als Inschrift für sein Grab (2.130.35 f.):

qui nunc iacet horrida pulvis,
unius hic quondam servus amoris erat.

Der jetzt hier liegt als häßliche Asche, war einst Sklave einer einzigen Liebe.

Ich meine, durch die Grabinschrift der vornehmen Römerin wird diejenige des Elegikers, die schon für sich allein etwas komisch wirkt, endgültig ironisiert. Und ironisch zu verstehen ist wohl auch eine versteckte Parallele zwischen Properz und Cornelia, auf die Maria Wyke aufmerksam gemacht hat (1987a, 173): Wie die Verstorbene sich dem Urteil ihrer unterirdischen Richter stellt, so stellt der Elegiker sich dem Urteil seiner Leser.

Das Interesse der Forschung an Properz, früher sehr groß – besonders in den siebziger und achtziger Jahren –, ging ausgerechnet in dem Moment merklich zurück, als man sich von der biographischen Interpretation zu lösen begann. Die Literatur bis zum Ende der achtziger Jahre verzeichnen und besprechen HARRAUER (1973), NETHERCUT (1975/76) & (1983), FEDELI/PINOTTI (1985), SULLIVAN (1989) und WYKE (1989a). Unter den textkritischen Ausgaben von BARBER

(²1960), HANSLIK (1979), FEDELI (1984) und GOOLD (1990) ist diejenige FEDELIS, deren Apparat einem Kommentar gleichkommt, die nützlichste. Deutsche Übersetzungen neben dem Text bieten LUCK (1964) und MOJSISCH/SCHWARZ/TAUTZ (1993). An Kommentaren seien genannt: ROTHSTEIN (²1920–1924), BUTLER/BARBER (1933), ENK (1946–1963), CAMPS (1961–1965) und FEDELI (I: 1980, III: 1985, IV: 1965). Zu den vielfältigen Überlieferungsproblemen (Textkritik, Gedicht- und Buchtrennung) verweise ich auf MENES (1983), BUTRICA (1984), KEYSER (1992), HEYWORTH (1995a) & (1995b), BUTRICA (1996c) & (1997) und GÜNTHER (1997b), zur Sprache des Dichters auf TRÄNKLE (1960) und die Konkordanzen von PHILLIMORE (1905), SCHMEISSER (1972) und PURNELLE (1997). Eine wirklich befriedigende neuere Gesamtdarstellung gibt es nicht (NEWMAN [1997] erscheint insgesamt zu einseitig), unter den älteren von COMMAGER (1974), M. HUBBARD (1974) und SULLIVAN (1976) verdient diejenige von HUBBARD den Vorzug. Lesenswert zu Einzelaspekten der Gesamtinterpretation sind K. NEUMEISTER (1983), STAHL (1985), PAPANGHELIS (1987), FEICHTINGER (1989) und GALE (1997). Die besten Anregungen bieten die Einzelinterpretationen von Büchern und Gedichten, die ich im folgenden verzeichne. Zu Buch 1: SKUTSCH (1963), PETERSMANN (1980), FEDELI (1983), HUTCHINSON (1984), ECKERT (1985), ZETZEL (1996), 91–100, OLIENSIS (1997), 157–162; 1.1: INGENKAMP (1997), LYNE (1998a); 1.3: HARRISON (1994); 1.4: SUITS (1976); 1.6: GRUBER (1987), 253–262; 1.14: MUTSCHLER (1985a); 1.21 und 22: DUQUESNAY (1992), NICHOLSON (1998/99); Buch 2–4 (als *Amores*-Trilogie): BUTRICA (1996a); 2.1–25: CAMPS (1991); 2.1: MILLER (1986); 2.7: CLOUD (1993), 119–122, GALE (1997); 2.10–13: WYKE (1987b); 2.10–11: LYNE (1998b); 2.13: HEYWORTH (1992); 2.15: RUDD (1982); 2.18: T. Hubbard (1986); 2.31–32: T. HUBBARD (1984); 2.33: MILLER (1981/82); Buch 3: JACOBSON (1976); 3.2: MILLER (1983); 3.3: KIERDORF (1994); 3.5: CONTE (2000); 3.10: BRAMBLE (1973); 3.11: WYKE (1992); 3.17: MILLER (1991); 3.18: FALKNER (1977); 3.24–25: GÜNTHER (1997a); Buch 4: PILLINGER (1969), HUTCHINSON (1984), WYKE (1987a), DEBROHUN (1994); 4.1: VAN SICKLE (1974/75), SHEA (1984), 38–88; 4.2: DEE (1974b), SHEA (1988), BOLDRER (1999), GLOCK (1999); 4.3: DEE (1974a); 4.5: GUTZWILLER (1985), MYERS (1996); 4.6: JOHNSUN (1973), WYKE (1992), KIERDORF (1995); 4.7–8: WARDEN (1980), KOMP (1988), DIMUNDO (1990); 4.9: ANDERSON (1964), MUTSCHLER (1996); 4.10: HARRISON (1989); 4.11: JOHNSON (1997).

4. DAS *CORPUS TIBULLIANUM*

Im Vergleich mit der Elegiensammlung des Properz und den *Amores* Ovids erscheint die Sammlung des Albius Tibullus auffallend klein. Denn dieser Dichter hinterließ nur zwei Elegienbücher, die ihm mit Sicherheit zugeschrieben werden können. Außerdem weist allein das erste Buch mit zehn Elegien von insgesamt 812 Versen Länge den durchschnittlichen Umfang eines augusteischen Gedichtbuches auf, während Buch 2 mit seinen sechs Elegien von insgesamt 428 Versen unvollendet wirkt und deshalb auch von einigen modernen Erklärern für einen Torso gehalten wird. Die Interpretation wird zeigen, daß dieses Buch trotz seiner Kürze ein in sich geschlossenes Ganzes und zusammen mit Buch 1 ein sorgfältig durchkomponiertes Diptychon darstellt. Aber vielleicht sahen schon antike Leser in der Kürze der Elegiensammlung ein Indiz für ihren unfertigen Zustand, was wiederum erklären könnte, warum ein Anonymus in der frühen Kaiserzeit unter Tibulls Namen ein drittes Buch erscheinen ließ, das den „Torso" ergänzen, ja offenbar den Sammlungen der beiden anderen Klassiker der Elegie „ebenbürtig" machen sollte. Das versuchte Pseudo-Tibull außer durch die Erweiterung des Umfangs der Sammlung Tibulls u.a. damit zu erreichen, daß er in „Buch 3" Elegien eines Typs aufnahm, den es in Buch 1 und 2 nicht gibt, aber zweimal in Buch 4 des Properz und achtzehnmal in der Sammlung der *Epistulae Heroidum* Ovids: die von einer Frau (in diesem Falle der Sulpicia) gesprochene Elegie. Gemeinsam haben die beiden Bücher Tibulls und das Buch Pseudo-Tibulls, daß sie Elegienzyklen enthalten: Die Gedichte 1, 2, 3, 5, 6 und 4, 8, 9 bilden in Buch 1 den Delia- und den Marathus-Zyklus, die Gedichte 3–6 in Buch 2 den Nemesis-Zyklus, die Gedichte 1–6 und 8–18 in Buch 3 den Lygdamus- und den Sulpicia-Zyklus. Schließlich ist für alle drei Elegienbücher besonders charakteristisch, daß die einzelnen Gedichte nicht nur nach dem Prinzip einer fiktiven Chronologie angeordnet sind – das kennen wir ja schon von Properz und werden es bei Ovid wiederfinden –, sondern auch beim Übergang zum jeweils nächsten Gedicht oft überraschende Entwicklungen einleiten. Im Falle des *Corpus Tibullianum* empfiehlt es sich daher besonders, die Gedichte in der überlieferten Reihenfolge zu betrachten.

4.1 Tibull

Die drei Namen, nach denen die drei Zyklen der Sammlung Tibulls benannt sind, Delia, Marathus und Nemesis, bezeichnen zwei Frauen und einen Knaben, die der *poeta* liebt. Tibull unterscheidet sich also auch darin von Properz und Ovid, daß er nicht wie diese in das Zentrum des Berichtes über seine erotischen Erfahrungen eine einzige Frau stellt, sondern drei „Liebesgeschichten" erzählt. Das hängt damit zusammen, daß in der elegischen Gegenwelt Tibulls nicht seine Bindung an einen von ihm geliebten Menschen, sondern die damit verknüpfte Lebensweise die Hauptsache ist. Für ihn wie für Properz und Ovid ist Voraussetzung für das elegische Dasein, daß er das Streben nach Reichtum und den Krieg ablehnt. Aber allein für Tibull ist diese Haltung dem *amor* übergeordnet, und sie ist überdies entscheidend geprägt von dem Wunsch nach einer ganz bestimmten Form der Existenz in Bescheidenheit und Frieden: der Existenz des Landmannes. Indem nun Delia, Tibulls erste Liebe in der Sammlung, sich im Laufe der mit ihrer Person verbundenen „Geschichte" als habsüchtig erweist, entsteht für Tibull ein Konflikt zwischen seiner Idealvorstellung vom elegischen Dasein und seinem elegischen *amor*, und das wiederholt sich mit Marathus und Nemesis, die ebenfalls auf Geld und Geschenke begierig sind. Während diese drei Menschen die mit dem elegischen Wertekodex unvereinbare *avaritia* (Habsucht) repräsentieren, steht für den Krieg, der ebenfalls nicht in die elegische Welt gehört, der erfolgreiche Feldherr Messalla. Ihn spricht Tibull in den Elegien 1, 3, 5 und 7 des ersten Buches und in den Elegien 1 und 5 des zweiten Buches an. Der Feldherr hat mit Delia, Marathus und Nemesis gemeinsam, daß Tibull ihm „dient", und zwar insofern, als er, der *servus amoris* der zwei Frauen und des Knaben, Soldat Messallas und offenbar zugleich sein Klient ist. Auch das bringt ihn in Konfliktsituationen.

Tibulls Problem besteht also darin, daß er sich als Elegiker sowohl gegenüber den von ihm geliebten Menschen als auch gegenüber dem Patron behaupten muß, indem er sich einerseits mit ihnen zu arrangieren, andererseits seinem Lebensideal treu zu bleiben versucht. Dabei entstehen so große Schwierigkeiten, daß der Elegiker sich zu Aktionen gezwungen sieht, die teilweise grotesk sind und schließlich so absurd werden, daß eine Verwirklichung seiner Träume von einem besseren Dasein am Ende der Elegiensammlung aussichtslos erscheint. Früher, als man Elegien biographisch interpretierte, nahm man weitgehend ernst, was Tibull von seinen Erfahrungen beim Bemühen um die Verwirklichung seines elegischen Lebensideals erzählt. Heute entdeckt man mehr und mehr die Komik seiner Art von Verkörperung der Rolle des elegisch Liebenden. In dieser Komik liegt ein spezieller Reiz der Lektüre dieser Gedichte. Eine weitere Besonderheit Tibulls ist seine poetische Sprache. Sie war es wohl in erster Linie, die Quintilian dazu veranlaßte, den Dichter als „feinsten und elegantesten" (*tersus atque elegans maxime*) unter den vier Klassikern der Elegie zu bezeichnen (*Inst. or.* 10.1.93), was dann dem anonymen Verfasser von Buch 3 des *Corpus Tibullianum* einen weiteren Anreiz dazu gegeben haben könnte, die Maske gerade dieses Elegikers aufzusetzen. Tibull ist im Gegensatz zu Properz stets leicht verständlich, indem er z. B. nicht so komplizierte und lange Sätze schreibt, wie der Dichterkollege es mehrfach tut, und er erzielt immer wieder Klangwirkungen, die etwas Einschmeichelndes haben, ja möglicherweise auf die Zeitgenossen erotisch stimulierend wirkten. Es ist bezeichnend, daß Ovid, der Tibull stilistisch näher steht als Properz, in seine *Amores* eine Elegie aufnahm (3.9), in der er seine Klage über den Tod Tibulls mit der impliziten Erklärung seines Abschieds von der Liebeselegie verbindet und damit diesen Dichter zur Symbolfigur des Gattungstyps macht.

4.1.1 Das erste Buch

Mehrere Anspielungen auf das erste Elegienbuch des Properz in Tibulls Buch 1 machen es sehr wahrscheinlich, daß dieses bald nach der Monobiblos entstand. Beginnt man Tibulls erste Elegie im Vergleich mit Properz 1.1 zu lesen, erlebt man schon die erste der für Tibulls Art der Erzählung seiner Liebeserfahrungen so kennzeichnenden Überraschungen. Während Properz gleich an den Anfang des Berichtes über seine *amores* den Moment der „Versklavung" durch Cynthia stellt, läßt Tibull über 54 Verse nicht erkennen, daß auch er sich im Zustand des *servitium amoris* befindet. Dieser Elegiker verkündet erst einmal, daß er dem Erwerb von Reichtum eine *vita iners* („tatenloses Leben") in bescheidenen Verhältnissen vorziehe (1–6), und dann schildert er ausgiebig, wie er diese Haltung durch die Tätigkeiten eines Landmannes und mit den geringen Mitteln, die ihm vom Reichtum seiner Väter übriggeblieben seien, zum Ausdruck bringen wolle (7–48). Die Beschreibung seines Vorhabens, die sich wie die Erzählung eines Wunschtraums liest, gipfelt darin, daß Tibull sich vorstellt, wie er, wenn es draußen stürmt, seine *domina* im Arm hält oder sorglos schläft. Dann folgen Verse, die wie der Beginn einer Zusammenfassung aussehen (49–54):

> *hoc mihi contingat: sit dives iure, furorem*
> *   qui maris et tristes ferre potest pluvias.*
> *o quantum est auri pereat potiusque smaragdi*
> *   quam fleat ob nostras ulla puella vias.*
> *te bellare decet terra, Messalla, marique,*
> *   ut domus hostiles praeferat exuvias:*
> *me ...*

Dies sei mir vergönnt. Mag reich sein mit Recht, wer die Wut des Meeres und düstere Regengüsse ertragen kann. Oh, was es an Gold gibt, an Smaragden, möge lieber zugrunde gehen, als daß irgendeine junge Frau wegen meiner Fahrten weinen muß. Dir ziemt es, Messalla, zu Lande und zu Wasser Krieg zu führen, damit dein Haus dem Feind abgenommene Beutestücke zur Schau stelle. Mich ...

Die Ablehnung der „Fahrten" und die direkte Anrede des Feldherrn kommen nicht gänzlich überraschend, da Tibull sich schon in Vers 25 f. gewünscht hat, in der von ihm erträumten Weise bescheiden leben zu können, ohne immer langen *viae* preisgegeben zu sein. Man darf daraus erschließen, daß er sich entweder schon auf einer Fahrt befindet – gemeint ist die Teilnahme an einer militärischen Expedition – oder daß eine solche unmittelbar bevorsteht. Jedenfalls erwartet man, daß *me* einen Satz einleitet, der etwa dieses aussagt: „Mich erfreut der Gedanke an die von mir geplante Tätigkeit als Landmann und das damit verbundene Zusammensein mit meiner *domina*, was beides besser zu mir paßt als das Soldatenhandwerk." Statt dessen folgt (55–60):

> *me retinent vinctum formosae vincla puellae,*
>   *et sedeo duras ianitor ante fores.*
> *non ego laudari curo, mea Delia: tecum*
>   *dum modo sim, quaeso segnis inersque vocer.*
> *te spectem, suprema mihi cum venerit hora,*
>   *te teneam moriens deficiente manu.*

Mich halten die Fesseln einer schönen Frau gefangen, und ich sitze als Türsklave vor einer grausamen Tür. Nichts gebe ich auf Ruhm, meine Delia; wenn ich nur bei dir bin, dann soll man mich faul und träge nennen. Dich möchte ich anschauen, wenn meine letzte Stunde kommt, dich halten im Sterben mit ermattender Hand.

Auf einmal ist klar, daß die Sprechsituation diejenige des *exclusus amator* ist und daß Messallas Expedition noch bevorsteht. Man darf außerdem annehmen, daß Tibull sich durch seine elegische Liebe nicht nur an der Dienstleistung als Soldat, sondern auch an der Realisierung seines Traums vom bescheidenen Landleben gehindert sieht. Unter Verwendung der Motive *foedus aeternum*, Liebe als Lebensform und *servitium amoris* (s. S. 15f.) charakterisiert Tibull sich als *poeta/amator* von der Art des Gallus und Properz. Er verweilt anschließend noch ein wenig bei dem Gedanken an seinen Tod, fordert Delia dann auf, die Freuden der Liebe jetzt noch mit ihm zu genießen, und kehrt, nachdem er auch noch in ganz traditioneller Weise die *militia* zugunsten der *militia amoris* abgelehnt hat, im letzten Distichon zu der am Gedichtanfang geäußerten Verachtung des Reichtums zurück (61–78).

Daß für Tibull nicht daran zu denken ist, er könne mit seiner oder einer anderen *domina* in einem Haus auf dem Lande gemütlich im Bett liegen und zuhören, wie draußen die Winde toben, gibt er geradezu drastisch im nächsten Gedicht zu verstehen. Hier spricht er offensichtlich erneut als vor der Tür der *puella* liegender Liebhaber und beschreibt ausführlich sein Verhältnis zu Delia, die, wie wir jetzt u. a. erfahren, sich im Hause eines anderen Mannes befindet. Die Skizze der „elegischen Lage" in dem Distichon 1.55f., das mit *me* beginnt, wird also zu einem langen Gedicht erweitert. Analog verfährt Tibull mit dem Distichon 53f., das mit dem an Messalla gerichteten *te* beginnt, in der Elegie 1.3. Denn hier wendet sich der *poeta* erneut an den Feldherrn, dem er zwar zunächst bei einer Heerfahrt gefolgt ist, von dem er aber unterwegs Abschied nehmen muß. Eine Krankheit zwingt ihn, auf der Phäakeninsel zu bleiben und die Kameraden allein über die Ägäis segeln zu lassen. So ergeht er sich jetzt in Gedanken, in denen sich aus der Todesfurcht die Erinnerung an den Abschied von Delia sowie Wunschträume von besseren Formen des Daseins und der Rückkehr zu der *puella* entwickeln. Es sind die beiden typischen, dem Leser durch Properz (und sicher auch Gallus) gut bekannten Situationen der Trennung des elegischen *poeta/amator* von der geliebten Frau, von denen die beiden Gedichte ausgehen. Sowohl die Reflexionen des *exclusus amator* als auch diejenigen des in der Fremde weilenden Liebenden sind eng mit dem Konzept einer elegischen Gegenwelt verbunden, das wir nur bei Tibull finden und das er in 1.1–48 erstmals präsentiert hat. Mitten in Elegie 1.2 sagt Tibull, der Rivale, der, obwohl er Delia hätte besitzen können, in die Fremde gezogen ist, möge dort Reichtum erwerben, wenn nur er, der Dichter, gemeinsam mit Delia Landarbeit verrichten und sie im Arm halten dürfe (67–80). Auch in 1.3 wird eine gedankliche Brücke von Delia zu einer bescheidenen Idylle geschlagen (33f.), aber der damit verbundene Traum von einem Dasein ohne Besitzstreben und Krieg wird hier nicht in Schilderungen bäuerlicher Tätigkeit, sondern in eine Erzählung des Mythos vom Goldenen Zeitalter integriert (35–38).

Man hat die beiden genannten Abschnitte als ernst zu nehmende Utopien eines besseren Daseins gelesen. Aber davor wird man allein schon dadurch gewarnt, daß in der Elegie 1.3 Tibull, der *exclusus amator* des vorhergehenden Gedichtes, bei seiner Aufzählung der Vorzüge der *aurea aetas* etwas erwähnt, das sich in anderen Erzählungen des Mythos nicht findet: Kein Haus habe Türen gehabt (43). Wie gesagt: Auch der Verfasser dieser Elegie und der übrigen Gedichte der Sammlung stattet seine elegische *persona* mit komischen Zügen aus, und wie Properz und dann wieder Ovid verbindet er das mit einem ebenso vergnüglichen wie geistig anspruchsvollen literarischen Spiel. In 1.3 besteht dieses darin, daß Tibull, der ja auf der Insel der Phäaken krank liegt – allein biographisches Interpretieren spricht hier von Kerkyra, das man in der Antike mit der Insel identifizierte, und notiert eine Station im Leben des realen Autors –, in der Rolle des Odysseus spricht. Als solcher unternimmt er z.B. – zumindest in der Imagination – auch eine Fahrt zum Totenreich, aber natürlich nur zum Elysium der Liebenden (57–66). Außerdem malt er sich die Heimkehr zu seiner „Penelope" aus. Sie soll, den Märchen einer alten Frau zuhörend, unter den Mägden bis in die Nacht hinein am Webstuhl sitzen, damit Folgendes geschehen kann (89–92):

> *tunc veniam subito, nec quisquam nuntiet ante,*
> *sed videar caelo missus adesse tibi.*
> *tunc mihi, qualis eris, longos turbata capillos,*
> *obvia nudato, Delia, curre pede.*

Dann werde ich plötzlich kommen, und niemand wird mich vorher anmelden. Nein, es wird so aussehen, als erschiene ich vom Himmel geschickt bei dir. Dann eile mir entgegen, Delia, so wie du bist, mit langen, wirren Haaren und barfuß.

Gewiß, auch hier werden komische Assoziationen geweckt, z. B. die von einem Tibull, den der Himmel schickt. Aber es ist eindeutig auch eine erotische Atmosphäre, die der *poeta* in seiner Imagination und damit zugleich in der Vorstellung des Lesers erzeugt, und das mag die Erwartung wecken, Tibulls Beziehung zu Delia werde nach seiner Heimkehr in eine glückliche Phase treten, die vielleicht eine Verwirklichung seiner Träume vom gemeinsamen Leben auf dem Lande ermöglicht. Im Hinblick auf ein solches Dasein hatte Tibull sich in 1.1 u. a. ausgemalt, wie er sich einen Priapus als Vogelscheuche in den Obstgarten stellen werde (17f.), und wenn er nun im ersten Distichon von Elegie 1.4 den Gott mit Worten anspricht, die erkennen lassen, daß dieser noch kein Dach über dem Kopf hat, scheint die Erwartung erfüllt. Doch das Gedicht behandelt ein ganz neues Thema. Im zweiten Distichon bittet Tibull den Priapus um Belehrung über die Kunst der Eroberung schöner Knaben und hört dann darüber einen Vortrag, der 64 Verse umfaßt (9–72). Anschließend erklärt der *poeta* sich bereit, das frisch erworbene Wissen an andere weiterzugeben (73–80), beendet die Elegie aber ganz überraschend mit einer Klage darüber, daß ihm seine Kenntnisse nichts nützten, da er von der Liebe zu dem Knaben Marathus gequält werde, und fleht diesen an, ihn zu schonen (81–84).

Offenbar sollen wir annehmen, Tibull liebe statt Delia jetzt Marathus, zumal der Anfang von Elegie 1.5 sich wie eine Fortsetzung der letzten beiden Distichen von 1.4 liest. Denn jetzt bittet der *poeta* eine zunächst nicht identifizierbare Person, sie möge ihn, der allzu selbstbewußt auftrat, brennen und quälen, aber dennoch schonen. Erst in Vers 9 stellt sich heraus, daß die angeredete Person eine Frau sein muß, und nach weiteren elf Versen erfahren wir endlich, daß es sich dabei um Delia handelt. Tibull läßt uns jetzt wissen, daß sie ihn wieder betrügt und dadurch in den zu Beginn des Gedichtes beschriebenen Zustand des *servitium amoris* versetzt hat, obwohl er sie liebevoll gepflegt hatte, als sie krank war. Nach ihrer Genesung hatte er sich wieder im Geist in eine ländliche Szenerie mit Delia versetzt und sich jetzt sogar Messalla als einen von der *puella* bewirteten Gast dazugedacht (19–34). Aber seine Wünsche erwiesen sich als ebenso vergeblich wie Versuche, sich dem Kummer über Delias Treulosigkeit durch übermäßigen Weingenuß und Fremdgehen zu entziehen (35–42). Was Tibull uns in diesem Gedicht eher beiläufig mitteilt, hat gleichwohl erhebliche Auswirkungen auf den weiteren Verlauf der „Liebesgeschichte": Delias Liebhaber ist jetzt ein reicher Mann (47). Damit gehört die *puella*, die sich nun auch noch von einer habsüchtigen Kupplerin über das Verhalten gegenüber dem *dives amator* belehren läßt (47–60), zu der von Tibull abgelehnten Welt des Besitzstrebens. Obwohl Tibull, nachdem er sich negativ über die *lena* geäußert hat, die Vorzüge eines *pauper amator* preist (61–66), ist Delia, wie man aus Vers 53 in Elegie 1.6 folgern darf, weiterhin geldgierig. Denn hier wird eine Priesterin der Bellona zitiert, die zu Tibull gesagt hat, denjenigen, die sich an einem in Amors Obhut stehenden Mädchen vergriffen, werde der Besitz dahinrinnen.

In Elegie 5 will Tibull vermutlich durch seinen Bericht über die Erfahrungen mit ihr zum Ausdruck bringen, daß die elegische Liebe zu dieser Frau mit dem von ihm ersehnten bescheidenen Leben als Landmann nicht vereinbar wäre. Das dürfte gleichfalls für Elegie 6 gelten, obwohl darin von Tibulls Wunschtraum nicht die Rede ist. Allein schon aus der Art seiner Bemühungen um eine Bewältigung des Problems, daß er einen Rivalen hat, darf man folgern, daß er den Plan, Delia in seine Traumwelt zu integrieren, gescheitert sieht. Denn hier nimmt sein Handeln erstmals absurde Formen an. Nicht nur warnt er den Nebenbuhler vor den Tricks, mit denen Delia ihn betrügen könnte, indem er ihm gesteht, wie er selbst die *puella* dabei bisher unterstützt habe (15–36), sondern er bietet sich dem Mann auch noch selbst als ihren Bewacher an (37–42). Dadurch wird er freilich zu einer besonders komischen Figur, weswegen man seine Vorstellungen von einer besseren Welt gleichfalls immer weniger ernst nehmen kann. So wirkt denn auch die Pose des Mahners der *puella*, die Tibull am Ende der Elegie einnimmt, allenfalls auf den ersten Blick überzeugend. Er verkündet hier Delia, was für ein Schicksal einer Frau, die niemandem treu war, im Alter zuteil werde: Sie müsse ihren Lebensunterhalt als Spinnerin verdienen, die Schar der jungen Männer, die ihr schadenfroh dabei zusehe, halte das für eine verdiente Strafe, und vom Himmel schaue Venus herab, wodurch sie warnend zu erkennen gebe, wie hart sie gegen treulose Frauen sei (77–84). Doch Tibull weiß ein Mittel, wie Delia zusammen mit ihm verhindern kann, daß sie in diese Situation gerät. Er sagt Folgendes, womit er das Gedicht beendet (85f.):

> *haec aliis maledicta cadant: nos, Delia, amoris*
> *exemplum cana simus uterque coma.*

Möge dieser Fluch auf andere fallen! Wir, Delia, wollen in der Liebe ein Vorbild sein, auch dann, wenn wir graue Haare haben.

Im Kontext der gerade geschilderten Szene, die doch einfach nur amüsant ist – man vergleiche den Schluß von Properz 3.24/25, für den das auf jeden Fall gilt (s. S. 66f.) –, charakterisieren diese Worte den, der sie spricht, als hilflos und entsprechend lächerlich argumentierenden Hahnrei. Denn die hier vorgeschlagene Alternative zu dem Schicksal, das Delia angeblich erwartet, erscheint angesichts des bisherigen Verhaltens der *puella* noch utopischer als der Traum von dem Zusammenleben mit ihr auf dem Lande.

Nachdem es Tibull nicht gelungen ist, Delia in seine Wunschwelt zu integrieren, versucht er es in Elegie 1.7 mit der anderen Person, der er „dient": Messalla. Anlaß für das Gedicht ist der Geburtstag des Feldherrn sowie der Triumph wegen seines Sieges über die Aquitanier. Aber mit Hilfe einer raffinierten Assoziationstechnik gelingt es dem *poeta*, von dem militärischen Erfolg Messallas rasch auf einen Bereich der politischen Tätigkeit des Patrons hinüberzuschwenken, der mit dem von Tibull als Gegenwelt zur Welt des Krieges aufgefaßten Bereich des bäuerlichen Daseins zu tun hat. Nach nur acht Versen, die den Feldherrn Messalla verherrlichen (1–8), führt der *poeta* den Leser über eine Aufzählung der Flüsse in Gallien und im Orient, an denen Messallas Heer entlangmarschiert sein dürfte (9–22), zum Nil. Dann leitet er durch die Bemerkung, daß die Ägypter den Strom als ihren Osiris verehrten, einen Hymnos auf den Gott ein (23–48). Indem er ihn mit Bacchus gleichsetzt, preist er ihn als Begründer des Acker-, Obst- und Weinbaus und ersten Lehrer der Landbevölkerung in der Kunst des Singens und Tanzens, wodurch er passende Gelegenheit findet, den Gott um seine hilfreiche Gegenwart bei den *ludi* und *choreae* zu Ehren Messallas zu bitten (49–54). Da Tibull an Bacchus' Wirken besonders hervorhebt, daß der Gott den „mühebeladenen Sterblichen Erholung bringt, und mögen ihnen auch harte Fesseln klirrend ans Bein schlagen" (41 f.), kann er dem Patron nun nicht mehr deswegen huldigen, weil dessen Triumphwagen gefesselte Kriegsgefangene hinterherzogen (6). Statt dessen lobt er ihn im Finale des Gedichtes als Erbauer der Via Latina, deren glattes Steinpflaster verhindert, daß Bauern, die spät abends aus Rom aufs Land zurückkehren, sich die Füße anstoßen (57–62). Das ist amüsant und soll es sicherlich auch sein. Vermutlich steckt auch einiges an Humor in der Parallelisierung der Personen Messallas und des Osiris, aber darüber läßt sich, weil wir zu wenig über den Patron Tibulls wissen, nichts Sicheres sagen.

Auf jeden Fall scheint die Integration Messallas in Tibulls Wunschwelt wenigstens für die Dauer eines Festtages möglich. Was Delia betrifft, darf der Leser erwarten, daß Tibull jetzt, da er bei dem Patron erfolgreich war, die Versuche wiederaufnehmen wird, auch sie in den von ihm erträumten Daseinsbereich hinüberzuziehen. Bei der ersten Lektüre von Elegie 8 glaubt man dann auch bis zu Vers 23, der „Delia-Roman" werde fortgesetzt. Erst hier wird klar, daß Tibull eine männliche Person anredet, und man muß noch weitere 26 Verse lesen, um zu erkennen, daß der Gedichtadressat der Knabe Marathus ist. Tibull hatte in Elegie 4 von seiner Liebe zu ihm gesprochen, und darum geht es implizit auch in diesem Gedicht. Das ergibt sich aus folgender Überlegung: In 1.8 fordert Tibull eine Pholoe dazu auf, sich gegenüber Marathus, der in sie verliebt ist, nicht abweisend zu verhalten. Er setzt sich also für den Knaben ein, und das deutet darauf hin, daß er dessen Liebe auf sich selbst lenken will. Diese Form der Werbung erscheint ähnlich absurd wie das Verhalten Tibulls gegenüber dem Liebhaber Delias in 1.6. Wie dort könnte Tibull mit seinem Vorgehen in 1.8 zum Ausdruck bringen wollen, daß er verzweifelt ist, weil in die elegische Liebe wieder ein Element eingedrungen ist, welches bereits in der Beziehung zu Delia Unheil anrichtete: die *avaritia*. Zwar ist in 1.8 explizit nur von Pholoes Gier nach Geschenken die Rede (29), und man kann allenfalls aus dem Hinweis, Marathus habe einst ebenso arme Verliebte verhöhnt (71), die Folgerung ziehen, daß der Knabe sich Tibull gegenüber auch in diesem Punkt wie das Mädchen verhielt. Aber in 1.9 wird es dann deutlich gesagt, daß Marathus sich von einem älteren Mann (73f.) durch *munera* gewinnen ließ (11).

Wie in 1.6 reagiert Tibull in 1.9 auf die Untreue des von ihm geliebten Partners dadurch, daß er den Rivalen anspricht und sich dabei lächerlich macht. Diesem Nebenbuhler wünscht er, seine Ehefrau möge ihn mit jungen Männern betrügen, und er erzählt ihm in diesem Zusammenhang von Gerüchten, denen zufolge seine Schwester ein besonders ausschweifendes Sexualleben führe (53–74). Damit macht Tibull sich zum Mitspieler in einer Schmierenkomödie, wodurch erneut deutlich wird, daß sein Handeln nicht allzu ernst genommen zu werden verdient. Diesmal erklärt Tibull denn auch die Beziehung, in der er sich wieder nur zum Narren macht, ausdrücklich für beendet, indem er am Schluß des Gedichtes ein Weihepigramm zitiert, das er auf einen der Venus geweihten Palmzweig aus Gold geschrieben hat (83f.):

> *hanc tibi fallaci resolutus amore Tibullus*
> *dedicat et grata sis, dea, mente rogat.*

Diesen [Zweig] weiht dir Tibullus, von betrügerischer Liebe erlöst, und bittet dich, du mögest ihm dafür dankbar gesinnt sein.

Da Tibull in dem auf Elegie 9 folgenden Gedicht, mit dem Buch 1 endet, nicht mehr von elegischer Liebe redet – nur am Schluß spielt er, wie wir sehen werden, ganz kurz auf sie an –, stellt man jetzt rückblickend fest, daß mit Gedicht 6, an dessen Ende auch Venus in Erscheinung trat, der „Delia-Roman" endete.

Zweimal ist es Tibull nicht gelungen, elegisch zu lieben, ohne sich mit der *avaritia* des von ihm geliebten Partners auseinandersetzen zu müssen. Es erscheint daher konsequent, daß er im letzten Gedicht von Buch 1 seine Sehnsucht nach einer Welt ohne Besitzstreben wieder dorthin zurücklenkt, wo er eine solche schon im ersten Gedicht des Buches finden zu können glaubte: auf das Leben eines Landmannes, der sich mit einem bescheidenen Auskommen begnügt und dessen *domina* seine ihm bei der Arbeit helfende Frau ist. In deutlicher Wiederaufnahme der Thematik des Eröffnungsgedichtes beginnt Elegie 1.10 mit einer Absage an das Kriegshandwerk und an die Jagd nach Gold (1–7). Aus aktuellem Anlaß formuliert Tibull diese Absage jetzt noch entschiedener als in 1.1. Denn wieder steht die Teilnahme an einem Kriegszug bevor (13: *nunc ad bella trahor*), und diesmal wird Tibull nicht von den Fesseln des *servitium amoris* zurückgehalten. In seiner Notlage fleht er die väterlichen Laren als die Repräsentanten der in 1.1 herbeigewünschten Daseinsform um Bewahrung vor dem Krieg an, verspricht ihnen ein Dankopfer und schildert, nachdem er es für Wahnsinn erklärt hat, daß man durch Krieg den Tod herbeiruft, in düsteren Farben das Schattendasein der Unterweltsbewohner. Dann fährt er wie folgt fort (39–44):

> *quin potius laudandus hic est quem prole parata*
> *occupat in parva pigra senecta casa?*
> *ipse suas sectatur oves, at filius agnos,*
> *et calidam fesso comparat uxor aquam.*
> *sic ego sim, liceatque caput candescere canis,*
> *temporis et prisci facta referre senem.*

Ist nicht vielmehr der zu preisen, den, nachdem er für Nachkommenschaft gesorgt hat, in einer kleinen Hütte das lähmende Alter überkommt? Selber folgt er den Schafen, der Sohn dagegen den Lämmern, und warmes Wasser schafft dem Müden die Gattin heran. So möchte ich leben, und es sei mir vergönnt, daß mein Kopf von weißen Haaren schimmert und ich als Greis die Ereignisse der vergangenen Zeit erzählen kann.

Hat Tibull sich jetzt von der am Ende von 1.1 geäußerten Sehnsucht nach dem *foedus aeternum* mit einer *puella* wie Delia (59 ff.) endgültig befreit und diese Sehnsucht durch den Wunsch ersetzt, zu heiraten, Kinder zu zeugen und als bescheidener Landmann alt zu werden? Endete das Gedicht mit diesen Versen, könnte man das annehmen. Aber es folgt noch ein Hymnos auf den Frieden als den Garanten eines nach Wunsch verlaufenden Lebens auf dem Lande. Zu diesem Leben gehören nun überraschenderweise auch *bella Veneris* („Kämpfe der Venus"), und bei ihnen verweilt Tibull in dem Hymnos auffallend lange (53–66). Er spricht zunächst von Gewalt, die einer Frau angetan werden kann, indem ein Mann sie z. B. schlägt. Das verurteilt Tibull, und er sagt, es sei genug, einer jungen Frau das dünne Kleid vom Leib zu reißen, ihre Frisur zu zerstören oder sie zum Weinen zu bringen. Denn viermal glücklich sei der, dessen zarte *puella* weinen könne, wenn er zornig ist.

Was soll das nun wieder? Schon an den in diesem Abschnitt verwendeten Wörtern erkennt man, daß jetzt plötzlich erneut von elegischer Liebe die Rede ist. Wie am Ende des Eröffnungsgedichtes dringt sie nun doch in die Traumwelt Tibulls ein. Zwar folgt auf den Abschnitt noch ein Distichon, worin Tibull die holde *Pax* als Hüterin des bäuerlichen Daseins herbeiruft und das den Hymnos und die Elegie beschließt (67f.). Aber dadurch wird der Kontrast zwischen *bella Veneris* und ländlichem Frieden besonders hervorgehoben, so daß der Hymnus eine ironische Färbung erhält. Man hat also auch jetzt nicht den Eindruck, als wolle der reale Autor dieses Elegienbuches die Träume seiner *persona* von einer besseren Welt wirklich ernst genommen wissen. Die komische Spannung zwischen den beiden alternativen Welten, in denen die von ihm geschaffene Figur des *poeta/amator* lebt, ist ihm offenbar wichtiger. Und dieser Eindruck wird durch das zweite Buch bestätigt.

4.1.2 Das zweite Buch

In der ersten Elegie von Buch 2 tritt Tibull zunächst als Priester auf, der bei einem ländlichen Lustrationsfest die dabei notwendigen rituellen Handlungen vollzieht (1–26). Als danach Wein ausgeschenkt wird, läßt er die Anwesenden auf das Wohl des nicht anwesenden Feldherrn Messalla trinken und bittet ihn um Inspiration für das nunmehr zu singende Lied (27–36). Es handelt zunächst von den Göttern des Landes und ihren Lehren für die Bauern, dann vom Land als dem Ort der Entstehung des Gesanges, des Tanzes, eines bestimmten Rituals zur Ehrung der Laren und der Wollarbeit der Frauen (37–65). Auch von Cupido behauptet Tibull, er stamme vom Lande. Der *poeta* lädt den Gott zum Festmahl ein, bittet ihn aber, seine Pfeile abzulegen, da der Gott in der Lage sei, Menschen, die er schwer bedrängt, unglücklich (79: *miseri*) zu machen (66–86). Abschließend fordert Tibull die Feiernden zum Spiel auf, da es schon Nacht werde und diese den Schlaf mit seinen schwarzen Schwingen und düstere Träume bringe (87–90). Hatte der *poeta* in Buch 1 von der Teilhabe an einer ländlichen Idylle immer nur geträumt, so ist sie jetzt Wirklichkeit geworden. Auf diese bäuerliche Welt üben weder Besitzstreben und Krieg den geringsten Einfluß aus – Messalla wird ja diesmal nicht als Repräsentant solcher „Störfaktoren", sondern als guter Geist Tibulls angesprochen –, noch hat sie Platz für die elegische Liebe. Und doch ist davon die Rede, daß Amor sie herbeiführen kann. Man ahnt, daß es wenigstens einen *miser* in dem Elegienbuch geben wird: den, der von der Macht des Gottes singt und so eine implizite Poetik seines elegischen Dichtens darbietet. Die am Gedichtende stehenden Verse über die Nacht und die Dunkelheit von Schlaf und Träumen lassen ebenfalls vermuten, daß Tibull sich nicht in allen Elegien, die jetzt folgen, an der ländlichen Idylle erfreuen wird.

Immerhin fungiert Tibull in der kurzen Elegie 2.2 noch einmal als Priester, und zwar bei der Geburtstagsfeier des Cornutus. Während das vorausgehende Gedicht den Traum vom glücklichen Dasein in einer bäuerlichen Welt wahr werden läßt, wird hier in greifbare Nähe gerückt, was Tibull sich in 1.10 außer einem friedlichen Leben auf dem Lande als etwas Ideales vorgestellt hatte: eine glückliche Ehe. Freilich darf auf eine solche in diesem Gedicht nicht der Sprecher, sondern sein Adressat hoffen. Tibull ahnt, daß Cornutus sich von dem Geburtstagsgott *uxoris fidi amores* („die Liebe der/einer treuen Gattin") wünschen wird, und er weiß, daß der Freund diese dem Erwerb des Ackerlandes der gesamten Erde und der Edelsteine ganz Indiens vorzieht (11–16). Auch die Gegenüberstellung des Verlangens nach dauerhafter Liebe und des Besitzstrebens lenkt die Erwartung des Lesers. Denn das Thema wurde in Buch 1 mehrfach angesprochen, und so darf man damit rechnen, daß es wieder Teil eines Berichtes Tibulls über Erfahrungen mit einer *puella* sein wird. Und wenn dann in der dritten Elegie von Buch 2 der Nemesis-Zyklus, der das restliche Buch ausfüllt, mit einer erneuten Anrede an Cornutus beginnt (2.3.1) und man gleich darauf erfährt, daß Tibull sich wieder im Zustand des *servitium amoris* befindet, wird deutlich: Eheglück, wie Cornutus es erhoffen darf, dient der elegischen Beziehung Tibulls mit der neuen *puella* als Kontrastfolie.

Der Name Nemesis, den diese Frau trägt (griech. „Tadel, Vergeltung"), ist der einer griechischen Rachegöttin. Diese ist eine Tochter der Nacht – man erinnere sich an den Schluß von Elegie 2.1 – und bringt den Menschen Leid. Tibulls Nemesis bewirkt denn auch weit größeres Unheil als seine erste Geliebte: Sie macht seine Hoffnung auf die Realisierung seiner Träume vom idyllischen Landleben zunichte, nachdem doch Elegie 2.1 schon den Eindruck erweckt hatte, diese Hoffnung sei endlich in Erfüllung gegangen. Zwar befindet Nemesis sich in der von Gedicht 2.3 vorausgesetzten Situation selbst auf dem Lande – mit Delia hatte Tibull das ja nicht erreicht –, aber sie ist deshalb dort, weil sie einem reichen Rivalen des *poeta* auf sein Gut gefolgt ist. Demnach hält sie sich aus *avaritia* in Tibulls Wunschwelt auf, und so befindet sich dieser gleich zu Beginn der dritten „Liebesgeschichte" seiner Elegiensammlung in einer besonders verzweifelten Situation. Durch diese werden die Leiden, die er in der Schlußphase des „Delia-Romans" und im „Marathus-Roman" zu erdulden hatte, vergrößert. Denn Tibull sieht sich nicht nur mit dem Problem konfrontiert, daß Nemesis ihm aus Geldgier einen anderen Mann vorzieht – das taten Delia und Marathus auch –, sondern muß obendrein ertragen, daß der Schauplatz seiner Qualen der bisher von ihm als Lebensraum für eine alternative Existenz ersehnte ländliche Bereich ist.

Vergleicht man unter diesen Voraussetzungen die Haltung Tibulls gegenüber Nemesis in 2.3 und 4 mit seiner Reaktion auf Delias Untreue und *avaritia* in 1.5 und 6, dann überrascht es gar nicht, wenn er darauf, daß die zweite Geliebte ihn noch mehr demütigt als die erste, mit einer erhöhten Bereitschaft zur Selbsterniedrigung antwortet. Nur um die *domina* anschauen zu können, würde Tibull, wie er in 2.3 erklärt, bei sengender Sonnenhitze mit aufplatzenden Blasen an den Händen Äcker pflügen (5–10), würde, damit Nemesis in Luxus „schwimmen" und mit Geschenken weithin sichtbar geschmückt durch Rom schreiten kann, seinen Abscheu gegen den Erwerb von Reichtümern überwinden (49–60) und will sich, wenn die Herrin es befiehlt, nicht einmal Fesseln und Peitschenhieben verweigern (79f.). Das alles erscheint grotesk genug, aber in 2.4 erreichen die Formen des *servitium amoris*, die Tibull als Möglichkeiten der Werbung um die Gunst der habgierigen *puella* in Erwägung zieht, den absoluten Gipfel der Absurdität. Jetzt ist nämlich sogar von der Beschaffung von Geschenken durch Mord und Verbrechen (21), Tempelraub (23) sowie durch den Verkauf des vom Großvater ererbten Wohnsitzes (54) die Rede, und am Ende des Gedichts erklärt Tibull auch noch, er werde, wenn Nemesis ihn nur mit sanfter Miene anblicke, von ihr gemischtes Gift trinken (55–60). Da diese Bekundungen sklavischer Hingabe so überaus verzweifelt sind und an eine Verwirklichung der eben aufgezählten Absichten ebensowenig zu denken ist wie an einen dadurch zu erreichenden Erfolg in der Liebe, erwartet man von der Handlung des „Nemesis-Romans" eine der Handlung des „Delia-Romans" entsprechende Entwicklung. Hatte Tibull in 1.6, wo eine Serie von Selbsterniedrigungen den Höhepunkt erreichte, Delia zum letzten Mal angesprochen, so scheint auch 2.4 das Ende der Beziehung zu Nemesis zu signalisieren. Wer es jetzt erwartet, sieht sich bestätigt, wenn er im Laufe der Lektüre des auf 2.4 folgenden Gedichtes, das Messalla und seinem Sohn huldigt, die Feststellung macht, daß Tibull hier wieder das Leben in einer ländlichen Idylle verherrlicht (2.50.81 ff.). Denn schon in Buch 1 war auf den Schluß des „Delia-Romans", ohne daß Tibull die Lossagung von der elegischen Liebe ausdrücklich erwähnt hatte, eine mit dem Lobpreis Messallas verbundene Rückbesinnung auf die Segnungen des Lebens auf dem Lande erfolgt, und zwar in Elegie 1.7.

Elegie 2.5 ist überdies ähnlich strukturiert wie 1.7. Erst geht es um Angelegenheiten, die Messalla und den römischen Staat betreffen, danach um ein Fest in ländlicher Umgebung. Diesmal allerdings ist der „politische" Teil, der in dem älteren

Gedicht nur aus acht Versen besteht (1–8), wesentlich länger, denn er umfaßt mehr als die Hälfte von 2.5 (1–80). Der Anlaß zur Abfassung der Elegie war die Aufnahme des Messalinus, des Sohnes Messallas, in das Kollegium der *quindecimviri sacris faciundis*, eine Kommission von 15 Männern, die als einzige Einblick in die Sibyllinischen Bücher, eine Sammlung von Orakelversen, hatten. Deshalb beginnt Tibull mit einem Hymnos an Apollon, den Gott der Weissagung, der Messalinus die Gesänge der Sibylle lehren soll (1–18). Bevor er dann zitiert, was die Seherin dem Äneas vor seinem Aufbruch aus Troja (19f.) prophezeite (39–69), und anschließend die Voraussagung der bei Cäsars Tod erschienenen Wunderzeichen durch andere Sibyllen referiert (65–78), schildert er kurz, wie er sich die Gegend des späteren Rom vor der Ankunft des Äneas vorstellt: als einen Ort urtümlichen ländlichen Friedens (21–38). Der gesamte Abschnitt bis zu Vers 80 ist reich an intertextuellen Bezügen zum Werk Vergils. Während die Passage über das ländliche Rom der Frühzeit die *Bucolica* und die *Georgica* evoziert, enthält der übrige Text Elemente des teleologischen Geschichtsbildes der *Aeneis*. Denn dem Trojaner wird auch hier die künftige Herrschaft über die gesamte Menschheit verheißen. Ebenso wie der Epiker stellt der Elegiker eine Verbindung zwischen der Gründung des römischen Staates und der Neugründung durch Augustus her. Das kann man bereits zu Beginn des Gedichtes an der Beschreibung Apollons erkennen: Der Gott trägt die Züge der von Skopas geschaffenen Statue in dem Tempel, den der Prinzeps 28 v. Chr. zum Dank für seinen Sieg bei Aktium auf dem Palatin einweihte.

Wer aufgrund der Lektüre der Elegie 2.4 zu der Auffassung gelangt, das Gedicht markiere das Ende der Liebe Tibulls zu Nemesis, kann aus den Versen 1–80 von Gedicht 2.5 den Eindruck gewinnen, der Elegiker wechsle jetzt in die Welt des Vergilischen Epos sowie des in diesem Werk verherrlichten Augusteischen Roms über und demonstriere dadurch besonders spektakulär seinen Abschied von der elegischen Liebe. Dieser Eindruck bleibt durchaus bestehen, wenn Tibull dann die Weissagungen der Sibylle durch eine eigene Prophezeiung fortsetzt und dabei wieder den Blick auf das ländliche Rom richtet. Denn der *poeta* verheißt den zeitgenössischen Lesern, wie Christoff Neumeister (1988) gezeigt hat, ein neues Zeitalter, und die Beschreibung dieses Zeitalters erinnert an den Mythos von der Wiederkehr der *aurea aetas* unter Augustus, der ebenso durch Vergils Dichtungen wie durch den Prinzeps selbst, z. B. durch Kunstwerke, die er anfertigen ließ, verbreitet wurde. Tibull prophezeit zwar zunächst nur dem laufenden Jahr, daß es *felix et sacer* („voll Glück und Segen") sein werde (82), aber sein Blick in die Zukunft gleitet von der Getreide- und Weinernte des Herbstes hinüber zu dem Fest Parilien und weiter über den Hirten, der es feiert, bis zu dessen Nachkommenschaft in der dritten Generation (81–94). Es entsteht also vor unseren Augen, bevor das Gelage der Landleute nach dem Opferritual geschildert wird (95 ff.), das Bild einer stets mit Kinderreichtum und vollen Vorratskammern gesegneten Gesellschaft. Dieses Bild weist utopische Züge auf und entspricht vollkommen den von Tibull immer wieder breit ausgemalten Träumen von einer alternativen Lebensform. Man kann daher an der Stelle des Gedichts, wo von den sich auftürmenden Speisen der Feiernden gesprochen wird (100), endgültig davon überzeugt sein, Tibull nehme wieder einmal – wie schon in 1.7 nach dem Ende der Beziehung zu Delia in 1.6 und wie in 1.10–2.2 nach dem Bruch mit Marathus in 1.9 – Abstand von der elegischen Liebe. Selbst wenn anschließend davon die Rede ist, daß während des Festes ein betrunkener junger Mann seine *puella* beschimpft, um es sofort wieder zu bereuen – eine typische Situation der Liebeselegie –, bleibt das Gedicht im Rahmen der bisherigen Schilderungen des Landlebens. Denn 1.10 enthält, wie wir gesehen haben, eine vergleichbare Szene (53–56).

Doch gleich darauf beginnt Tibull plötzlich, ganz ähnlich wie in 2.1 (69 ff.), mit Wehklagen über die Schießkunst Cupidos und das Leid, das sie vielen brachte, und fährt fort (109–112):

> *et mihi praecipue: iaceo cum saucius annum*
> *et faveo morbo quem iuvat ipse dolor,*
> *usque cano Nemesin, sine qua versus mihi nullus*
> *verba potest iustos aut reperire pedes.*

Und mir vor allem: Indem ich schon ein Jahr verwundet daliege und eine Krankheit hege, die der Schmerz sogar erfreut, singe ich fortwährend von Nemesis, ohne die keiner meiner Verse die rechten Worte und Versfüße finden kann.

Es ist also doch anders, als man von der Handlungsentwicklung des ersten Buches her erwartet hat. Die dritte „Liebesgeschichte" ist keineswegs zu Ende, die sklavische Verfallenheit Tibulls an Nemesis hält an. Zwar bittet der *poeta* die *puella*, ihn zu schonen, wenn er einen Triumphzug des Messalinus preisen wird, und beendet sein Gedicht dann auch mit dem kurzen Ausblick auf ein solches Schauspiel (113–122), aber das nächste Gedicht bestätigt, daß Nemesis sein Leben weiterhin beherrscht. Im nachhinein erweist sich 2.5 als Variante einer *recusatio*, wie die erste Hälfte von Properz 2.1 (s. S. 49f.) sie bietet. So wie dort Cynthia bekommt hier Nemesis die Rolle der inspirierenden Muse zugeteilt, und der Aufzählung der militärischen Erfolge Oktavians, die Properz nicht besingen will, entsprechen Tibulls vorübergehender Ausflug in die Welt der *Aeneis* und sein Verweis auf den Triumph des Messalinus als künftiges Thema. Das betrifft aber nur die poetologische Aussage des Gedichts. Auf der Sinnebene des „Nemesis-Romans" darf man darin, daß Tibull sich in 2.5 Themen zuwendet, die der Elegie fremd sind, den Versuch sehen, sich von der elegischen Liebe zu befreien. Aber aus demselben Gedicht erfährt man, daß er dabei gescheitert ist.

Zu Beginn von Elegie 2.6 erklärt Tibull, er wolle sich einem gewissen Macer, der in den Krieg zieht, anschließen (1–10). Aber er verharrt dann doch im Zustand des *exclusus amator* und gibt sich trotz der Qualen des *servitium amoris*, die er erleiden muß, der Hoffnung hin, Nemesis werde ihm ihre Gunst schenken (11–28). Damit befindet sich Tibull in einer ganz ähnlichen Situation wie am Ende des ersten Gedichtes der

Sammlung, wo er Messalla erklärt hatte, diesem zieme es, Krieg zu führen, während er als Sklave einer Frau vor einer Tür sitze. Er hat sich in der Zeit, über die er in den Elegien 1.2–2.5 berichtet, dreimal in eine Person verliebt, die er nur elegisch lieben durfte. Zweimal gelang es ihm, sich von dieser Art der erotischen Leidenschaft vorläufig zu befreien, aber der dritte Anlauf zu einem Ausbruch scheiterte. Wären nun die Verse in Elegie 2.6, durch die Tibull seine Hoffnung auf die Gunst der *puella* artikuliert, das Ende des Gedichtes, böte die gesamte Sammlung das Bild einer ausgewogenen Ringkomposition: Dem *exclusus amator* Delias am Ende von 1.1, der sich die Zukunft mit ihr ausmalt, stünde der hoffende *exclusus amator* der Nemesis am Ende von 2.6 gegenüber. Aber in diesem Gedicht folgen noch zwei Abschnitte. In dem einen beschwört Tibull Nemesis bei den Gebeinen ihrer infolge eines Fenstersturzes verstorbenen Schwester, ihn zu schonen, damit sie verhindere, daß die Tote in einem bösen Traum traurig an ihr Bett trete (29–40). Doch dann ermahnt sich der *poeta*, nicht den Schmerz der *domina* zu erneuern, und schiebt im zweiten der beiden Abschnitte die ganze Schuld an seinem Leid der Kupplerin Phryne zu. Mit der Aufzählung von Aktionen dieser Frau, die ihm Kummer brachten, und einem Distichon, in dem er sie verflucht, beendet Tibull Gedicht und Sammlung.

Ist das wirklich der Schluß? Oder haben wir einen Torso vor uns, weil entweder die Sammlung nicht vollständig überliefert ist oder Tibull sie unfertig hinterließ? Natürlich kann man dergleichen nicht ausschließen. Aber rekapitulieren wir, wie es zu der für 2.6 vorauszusetzenden Situation kommt. Tibull hatte sich im Eröffnungsgedicht der Sammlung ein Leben als bescheidener Landmann als Alternative zu einem Dasein des Besitzstrebens und militärischer Tätigkeit gewünscht. Aber elegische Liebe hinderte ihn an der Realisierung seines Wunsches. Durch ihre *avaritia* präsentierten sich die drei Menschen, die er liebte, als Angehörige der Welt, der er zu entfliehen trachtete. Er reagierte darauf zunächst immer durch Bekundungen seiner Selbsterniedrigung, wie sie die elegische „Grundordnung" verlangt, aber wenn diese groteske Formen annahmen, versuchte er, sich von der elegischen Liebe zu befreien. Das gelang zweimal, beim dritten Mal jedoch nicht mehr. Da hatten die Bekundungen der Selbsterniedrigung einen so hohen Grad an Absurdität erreicht, daß die Figur des elegisch Liebenden, die schon vorher komische Züge aufgewiesen hatte, endgültig denkbar lächerlich erschien. Und diesen Eindruck sollen offenbar die Berufung auf die Schwester und die Bemerkungen über die Kupplerin am Ende von 2.6 vertiefen. Denn es ist sogar mehr als absurd, wenn Tibull der Nemesis, die den Namen einer Rachegöttin trägt, mit dem Erscheinen einer weiteren „Nemesis" droht und wenn er dann wieder, um nur ja nichts Schlechtes über die *domina* zu sagen, für seine ganze Misere eine dritte Person verantwortlich macht. Die Verfluchung der Kupplerin durch einen jungen *amator* könnte Teil einer Komödie sein, und zu einer solchen hat sich die „Handlung" der Elegiensammlung mehr und mehr entwickelt. Der Leser darf also nach der Lektüre der beiden letzten Abschnitte in 2.6 erwarten, daß, wenn Tibull den Bericht über seine Liebeserfahrungen fortsetzen würde, es immer weitergehen würde mit den Absurditäten, die aus erotischen Elegien endgültig nur noch Karikaturen solcher Gedichte machen würden. Deshalb erscheint es sinnvoll, daß die Elegiensammlung ein *open end* hat und das zweite Buch an einer Stelle abbricht, an der andere römische Gedichtbücher erst die Hälfte ihrer Verszahl erreicht haben. Auch so bildet die Elegiensammlung ein in sich geschlossenes Ganzes.

4.2 Pseudo-Tibull

Buch 3 des *Corpus Tibullianum*, das mit Sicherheit nicht von Tibull stammt, beginnt mit sechs Elegien eines *poeta/amator*, der sich Lygdamus nennt (3.2.29) und den wir uns offenbar als wohlhabenden jungen Mann vorstellen sollen. Der Gedichtzyklus zeichnet die Geschichte der Liebe des Ich-Sprechers zu einer Neaera in der Endphase nach. Wir lesen, wie Lygdamus darüber klagt, daß die *puella* ihn einem anderen Mann zuliebe verlassen hat, wie er sie vergeblich zur Rückkehr zu bewegen versucht, worüber er sogar krank wird, und wie er schließlich seine Klagen in Wein ertränkt. Es folgt ein 211 Hexameter umfassendes Preisgedicht, das Messallas Übernahme des Konsulats am 1. Januar 31 v. Chr. zum Anlaß nimmt, den Senator als Redner und Heerführer zu verherrlichen und ihm eine Serie von Siegen und Triumphen zu prophezeien. Der Sprecher, der im Gegensatz zu Lygdamus seinen Namen nicht angibt – man darf also grundsätzlich davon ausgehen, daß immer noch dieser redet –, betont am Anfang und am Ende seines Panegyricus, daß er sich als Verfasser einer Dichtung des *genus grande* eigentlich überfordert sehe, und läßt in einer Art Sphragis erkennen, daß er einst wohlhabend gewesen, jetzt aber verarmt sei. In der auf dieses Gedicht folgenden Elegie, der achten des Buches, stimmt der Sprecher, der wieder seinen Namen nicht nennt und deshalb nach wie vor mit Lygdamus gleichgesetzt werden darf, ebenfalls einen Lobgesang an. Aber diesmal ist das Thema nicht Messallas Talent als Redner und Feldherr, sondern die göttliche Schönheit einer Sulpicia, die sich uns in 3.14 als nahe Verwandte (*propinqua*) Messallas vorstellen wird, und die Sprache ist im Gegensatz zu derjenigen des Hexametergedichts, das sehr schwerfällig wirkt, auffallend geschmeidig.

Eine weitere Überraschung bietet Gedicht 9, da hier plötzlich Sulpicia, die soeben Verherrlichte, selbst zu Wort kommt. Sie verbindet ihre Klage darüber, daß ihr Cerinthus auf die Jagd gegangen ist, damit, daß sie ihm indirekt ihre Liebe erklärt. Das Gedicht erinnert in mehrfacher Hinsicht an Phaedras Werben um Hippolytus in Ovids viertem Heroidenbrief. In Gedicht 3.10 erfahren wir – es spricht offenbar dieselbe Stimme wie in 3.8 –, daß Sulpicia erkrankt ist. Da Cerinthus sich deswegen große Sorgen macht und zu den Göttern um

Hilfe fleht, fordert der Sprecher keinen Geringeren als Apollon zur Heilung der *puella* auf. In 3.11 redet wieder Sulpicia den Cerinthus an, wobei sie sich anläßlich des Geburtstages ihres Geliebten in einem Gebet an den Geburtstagsgott und Venus wünscht, beide Liebenden möchten gleichermaßen zum Dienst an der Göttin bereit sein. Nachdem der Sprecher von 3.8 und 10 in Gedicht 12 diesen Wunsch bekräftigt hat, ergreift in 3.13 wieder Sulpicia das Wort, jetzt aber in einem Monolog. Ich wähle dieses Gedicht als Textbeispiel, da es von allen Gedichten in Buch 3 des *Corpus Tibullianum* am häufigsten interpretiert wurde:

> *Tandem venit amor, qualem texisse pudore*
> *quam nudasse alicui sit mihi fama magis.*
> *exorata meis illum Cytherea Camenis*
> *attulit in nostrum deposuitque sinum.*
> *exsolvit promissa Venus: mea gaudia narret,*
> *dicetur si quis non habuisse sua.*
> *non ego signatis quicquam mandare tabellis,*
> *ne legat id nemo quam meus ante, velim,*
> *sed peccasse iuvat, vultus componere famae*
> *taedet: cum digno digna fuisse ferar.*

Endlich kam die Liebe, die aus Scham zu verheimlichen, statt sie jemandem zu offenbaren, mir mehr üble Nachrede einbrächte. Angefleht von meinen Musen hat ihn Cytherea [Venus] gebracht und an meine Brust gelegt. Eingelöst hat ihre Versprechen Venus. Meine Liebesfreuden mag erzählen, wer in dem Ruf stehen wird, selbst keine gehabt zu haben. Doch versiegelten Brieftäfelchen irgend etwas anvertrauen, damit es gewiß niemand vor dem Meinigen liest, möchte ich nicht, nein, es getan zu haben, freut mich, die Miene zu verstellen meinem Ruf zuliebe widert mich an: Daß ich mit einem, der meiner wert ist, selbst seiner wert, zusammen war, soll man sagen.

Sulpicia spricht auch in fünf weiteren, auffallend kurzen Elegien, die sich wie Briefe lesen und aus denen hervorgeht, daß Sulpicias Beziehung zu Cerinthus sich nach der Liebesvereinigung ständig mit Problemen konfrontiert sah: vorübergehende Trennung (14/15), Untreue des Cerinthus mit einer Sklavin (16), erneute Erkrankung Sulpicias (17) und Weigerung Sulpicias, mit Cerinthus eine Nacht zu verbringen, obwohl sie ihn begehrte (18). Das Gedichtbuch endet mit zwei Elegien, die aus zwölf bzw. drei Distichen bestehen, 3.19 und 20. Beide Gedichte präsentieren uns ihren Ich-Sprecher, der sich im ersten Gedicht Tibull nennt, im Zustand des *servitium amoris*. Denn eine (namenlose) *puella* quält den Sprecher von 3.19, und der Sprecher von 3.20 hat gerüchtweise vernommen, daß er betrogen werde. Im Falle dieser beiden Gedichte liegt es sogar nahe, beide Sprecher miteinander zu identifizieren.

Von der *communis opinio* werden die 20 Gedichte fünf verschiedenen Autoren zugewiesen: einem Anonymus mit dem Pseudonym Lygdamus, einem anonymen Panegyristen, dem sogenannten *amicus Sulpiciae*, der Sulpicia selbst und einem Anonymus, der sich den Namen Tibull als Pseudonym wählte. Dabei werden die Gedichte 3.8–18 aber nicht in der Weise auf den *amicus Sulpiciae* und Sulpicia verteilt, daß man nur 8, 10 und 12 dem *amicus* und die übrigen acht Elegien der Sulpicia gibt. Statt dessen unterscheidet man einen Zyklus des *amicus*, in dem dieser abwechselnd selbst spreche und Sulpicia mit seinen Worten sprechen lasse (3.8–12), von einem Zyklus der mit eigenen Worten sprechenden „echten" Sulpicia. So komme, wie es die bekannte römische Literaturgeschichte von Schanz und Hosius formuliert, „derselbe Liebesroman einmal als erlebter, einmal als nachempfundener zur Darstellung" (1935, 189). Seit Moritz Haupt im Jahre 1871 die Vermutung geäußert hatte, es könne sich bei Sulpicia um die Tochter des Senators S. Sulpicius Rufus handeln, der mit einer Schwester Messallas verheiratet war, begann man zu fragen, wie die Gedichte der Nichte eines Messalla in ein Gedichtbuch, das offenkundig publiziert wurde, gelangen konnten. Das führte dazu, daß man in unverkennbarer Orientierung an dem Modell des literarischen Zirkels, wie er besonders für die Romantik typisch ist, einen „Messallakreis" konstruierte. Zu ihm hätten, so nahm man an, außer bedeutenden Dichtern wie Tibull und Ovid auch weniger talentierte Versemacher wie „Lygdamus", der Verfasser des Panegyricus auf Messalla, der *amicus Sulpiciae* und die dichtende Nichte gehört. Da nun die poetischen Erzeugnisse dieser Mitglieder des Kreises, insbesondere die erotischen Elegien der Sulpicia, auf deren guten Ruf der Onkel zu achten hatte, nicht für die öffentliche Verbreitung geeignet gewesen seien, habe Messalla sie in seinem Archiv aufbewahrt. Dort seien sie nach seinem Tode um 13 n.Chr. entdeckt und irgendwann doch noch publiziert worden. So habe die Welt zu lesen bekommen, was Eduard Norden einmal das „Hauspoetenbuch Messallas" nannte.

Nun konnte aber sorgfältige sprachliche Analyse der Gedichtsammlung in jüngerer Zeit überzeugende Argumente vortragen, aus denen sich ergibt, daß die Lygdamus-Elegien (1–6), der Panegyricus (7), die Gedichte, die man dem *amicus Sulpiciae* zuzuweisen pflegt (8–12), sowie die Elegien 19 und 20 nicht vor 17 n.Chr. entstanden sein können, da sie alle offenkundig in starkem Maße von dem Sprachgebrauch und den Motiven Ovids beeinflußt sind. Deshalb setzt sich immer mehr die Ansicht durch, daß diese Gedichte nicht vor dem Beginn der Regierungszeit des Tiberius, wahrscheinlich sogar erst unter den Flaviern verfaßt wurden. Lediglich die Elegien 13–18 datiert man nach wie vor in die Zeit zwischen 25 und 20 v.Chr., aber wohl in erster Linie deswegen, weil sie nur dann von der „echten" dichtenden Nichte geschrieben worden sein können. Doch auch in diesen Elegien finden sich Anklänge an ein Werk Ovids, die *Ars amatoria*. Es ist also damit zu rechnen, daß alle Gedichte in Buch 3 des *Corpus Tibullianum* in einer Zeit produziert wurden, als die Klassiker der römischen Liebeselegie schon tot waren. Da das Buch zusammen mit den beiden Elegienbüchern Tibulls unter dem Namen dieses Dichters überliefert ist, Messalla eine wichtige Rolle zuteilt und mehrfach beim Übergang von einem zum nächsten Gedicht Überraschungen aufzuweisen hat, wie sie für Tibull besonders typisch sind, bietet es sich an, alle Gedichte einem einzigen Verfasser zuzuweisen, der die Maske Tibulls aufsetzte. Dieser Anonymus will, wie ich meine, bei seinen Lesern die Fiktion erzeugen, sie hätten Tibulls Frühwerk vor sich, ein Gedichtbuch, das unmittelbar vor dem in den Handschriften als Buch 1 und 2 gezählten Elegienkorpus entstand. Er entwickelte sein Konzept mit Hilfe der ihm vorgegebenen Motiv- und Erzählstruktur dieses Elegienkorpus.

Wie ging Pseudo-Tibull dabei vor? Zunächst einmal las er zwei Äußerungen des Ich-Sprechers, die wir heute als funktionale Aussagen innerhalb des elegischen Diskurses Tibulls interpretieren – ich werde auf sie noch zu sprechen kommen –, als autobiographische Äußerungen des realen Autors und weitete sie, da die Angaben jeweils sehr vage sind, zu zwei Episoden der Vita des jungen Tibull aus. Diese Vita wiederum präsentiert er uns als Autobiographie in Gedichten, d.h., er ordnete seine pseudepigraphen *carmina* so an, daß sie, hintereinander gelesen, sozusagen die „Vorgeschichte" der Zeit erzählen, in der „Tibull" der Delia als *servus amoris* diente. Diese Zeit beginnt ja für den Leser des Elegienkorpus mit Vers 55 von Elegie 1.1 (s. S. 80). Als Vorbild für die chronologische Strukturierung seines pseudepigraphen Buches wählte Pseudo-Tibull sich Tibulls Buch 1. Wie dort mehrere Gedichtsequenzen aufeinander folgen, so auch in „Buch 3". Dabei entspricht die Geschichte der unglücklichen Liebe des „Lygdamus" zu Neaera in 3.1–6 dem „Delia-Roman" Tibulls in 1.1–6, der Panegyricus auf Messalla, also 3.7, der Elegie 1.7, dem Geburtstagsgedicht auf Messalla (an das der Panegyricus stellenweise direkt anklingt), und die Dreiecksgeschichte von Sulpicia, Cerinthus und dem *amicus,* also Pseudo-Tibull, in 3.8–18 der Dreiecksgeschichte von Marathus, Pholoe und Tibulls elegischer *persona* in 1.8–9. Die beiden letzten Gedichte des pseudepigraphen Buches, 3.19 und 20, knüpfen dann die direkte Verbindung zu Tibull 1.1. Dort sagt der Sprecher in 55f. ganz überraschend und ohne Angabe eines Grundes, ihn hielten die Fesseln Delias gefangen und er sitze vor ihrer Tür. Wenn man in 3.19 und 20 von dem Sprecher, der sich Tibull nennt, erfährt, daß seine *puella* ihn quäle und betrüge, kann man das als geradezu „klassische" Erklärung für das typisch elegische Verhalten des Sprechers von 1.10.55f. verstehen, zumal Delia bei Tibull dann ja weiter quält, betrügt und den Ich-Sprecher zum *exclusus amator* degradiert.

In Tibulls Elegie 1.1 sagt der Sprecher außerdem, er habe einst ein reiches Landgut (*felix ager*) besessen, begehre aber jetzt nicht mehr die *divitiae* der Väter (19; 41f.). Das klingt wie eine autobiographische Aussage des realen Autors, ist aber wahrscheinlich nichts weiter als die Abwandlung eines elegischen Motivs: „Bekenntnis des *poeta/amator* zur *paupertas* (Armut)". Doch für den unbekannten Autor des pseudepigraphen Buches zeigte sich hier eine „Leerstelle" in der Vita Tibulls, denn man darf fragen, wie der einstige Besitz von *divitiae* aussah. Der Anonymus läßt nun seinen Tibull sich ebenfalls als einen Mann vorstellen, der Reichtümer verloren hat, aber erst in Gedicht 3.7 (183ff.). In den vorausgehenden Gedichten dagegen verfügt der Ich-Sprecher offenbar über *divitiae*. Das geht u. a. daraus hervor, daß er sich einmal seine Beisetzung als Bestattung erster Klasse ausmalt (3.2). Dieser Ich-Sprecher nennt sich zwar nicht Tibull, sondern Lygdamus. Aber den Namen kann man, wenn man will, von *lýgdinos* (griech. „marmorweiß") ableiten und dann, weil Tibulls Gentilname Albius lautete, als Pseudonym auffassen, unter dem der Verfasser des pseudepigraphen Buches seinen Tibull dessen erste Elegien veröffentlichen läßt. Daß ein junger wohlhabender Römer seine Liebesgedichte nicht unter dem eigenen Namen publizierte, kann man sich gut vorstellen, auch in der Fiktion. In Gedicht 3.7, das auf die Lygdamus-Gedichte folgt, nennt der Ich-Sprecher zwar nicht seinen Namen, aber der Leser hat keinen Grund, in ihm eine andere Person zu sehen als die des Sprechers der Gedichte 3.1–6. Da er vom Verlust seiner Güter spricht, Messalla verherrlicht, der als Patron Tibulls bekannt ist, und da der Ich-Sprecher von 3.19 sich Tibull nennt, dürfen wir voraussetzen, daß er unter diesem Namen nun für Messalla dichtet.

Mehrere Stellen in Gedicht 3.7 lassen erkennen, daß der „ich" Sagende seinen Panegyricus mehr im Geiste der elegischen Poetik als in dem der „großen" Hexameterdichtung geschrieben hat. Wenn er z. B. betont, nicht er, sondern Valgius, der Homer am ehesten nahekomme, sei für *magnae res* („große Aufgaben") gerüstet (177–180), mußte der antike Leser das als Variante des elegischen Motivs der *recusatio* auffassen. Der so entstehende Eindruck, daß wir es mit einem Dichter zu tun haben, der nicht so sehr aus freier Entscheidung wie aus Rücksicht auf den Adressaten seines Gedichts von elegischer zu hexametrischer Poesie übergegangen ist, wird dadurch verstärkt, daß die Verse des Panegyricus so schwerfällig und ungelenk wirken. Diese dichterische Insuffizienz ist also von dem Verfasser des pseudepigraphen Gedichtbuches inszeniert und nicht etwa sein eigenes Unvermögen. Nein, alles ist hier Fiktion, und innerhalb dieser Fiktion wird uns zu verstehen gegeben: Tibull, der nach dem Verlust des Reichtums der Väter auf der Suche nach einem reichen Förderer seiner Kunst ist, bemüht sich, Messalla durch ein Lobgedicht für sich einzunehmen, kann aber im Bereich der „großen" Dichtung nur dilettieren. Was nun genau dazu geführt hat, daß der Elegiker verarmte, läßt uns freilich auch der Anonymus nicht wissen. Wir können uns, wenn wir wollen, vorstellen, daß Tibull in dem Intervall, welches wir zwischen der sechsten Lygdamus-Elegie – hier gibt sich der Sprecher aus Liebeskummer dem Wein hin – und dem Panegyricus ansetzen können, seinen ganzen Besitz vertrunken hat. Wir dürfen das ohne weiteres, denn der Anonymus, der Leerstellen bei dem „echten" Tibull ausfüllt, offeriert offenkundig auch uns Lesern solche Blanks. Das tut er z. B. auch beim Übergang von dem Panegyricus zu Gedicht 3.8, in dem er seinen Tibull als Panegyristen der göttlichen Schönheit Sulpicias auftreten läßt. Jetzt dürfen wir imaginieren, daß Messalla dem Dichter zum Dank für das Lobgedicht sein Haus geöffnet hat, in dem seine *propinqua* Sulpicia wohnt oder aus und eingeht, und daß der Elegiker von ihm zur Rückkehr zu seiner alten Gattung ermuntert wurde. Der Neueinsatz wird dadurch besonders markiert, daß Elegie 3.8 mit dem Namen Sulpicia beginnt. Denn das erste Wort eines berühmten „Klassikers" der römischen Liebeselegie, der Monobiblos des Properz, ist der Name Cynthia (1.1.1).

In der nun folgenden Elegiensequenz 3.8–18 wird die Geschichte der Liebe Sulpicias zu Cerinthus nachgezeichnet. Eine wichtige Anregung zur Abfassung dieser Gedichte gab dem Verfasser von Buch 3 des *Corpus Tibullianum* wiederum, wie ich meine, ein Blank in einem Tibull-Gedicht, und zwar in 2.2. Es ist das Geburtstagscarmen für einen Cornutus, in dem der Sprecher diesen auffordert, er möge sich von dem Geburtstagsgott etwas wünschen, und dann gleich vermutet, das würden *uxoris fidi amores* sein (11). Wer ist Cornutus, wer *uxor*? fragt man hier, und vor allem: Was bedeutet *uxor*, das bekanntlich „eine" oder „die" Gattin heißen kann? Also: Hat Cornutus noch keine *uxor*, oder ist er schon verheiratet und möchte lediglich für die Zukunft *fidi amores* („treue Liebe") garantiert wissen? Der Autor des pseudepigraphen Gedichtbuches beantwortete diese Fragen mit der Abfassung einer in Elegien chronologisch erzählten Vorgeschichte zu Tibull 2.2. Er fingierte eine voreheliche Liebesromanze, in der Cornutus der jugendliche *amator* ist und den Decknamen Cerinthus trägt. Wenn man das lange ›e‹ nicht so genau nimmt, Cer- also mit *kéras* (griech. „Horn") zusammenbringt, paßt das ja mindestens so gut zu dem Namen Cornutus wie Lygdamus zu Albius. Als *puella* wählte der Anonymus sich, damit die Frage nach der Identität von *uxor* beantwortend, Sulpicia, die vielleicht wirklich einmal als *propinqua* Messallas existierte. Der Anonymus kann sie aber auch einfach als Tochter von Messallas Schwager erfunden haben, was ich für wahrscheinlicher halte.

Die „Handlung" des Sulpicia-Zyklus zerlegte der Anonymus in zwei Phasen. Diese werden in je fünf Gedichten, 3.8–12 und 14–18, reflektiert und durch das (oben zitierte) zentrale Gedicht 3.13 verknüpft, in dem Sulpicia zu erkennen gibt, daß es zur Liebesvereinigung mit Cerinthus gekommen ist. In Phase 1 werden die beiden Liebenden vorgestellt, und es wird erzählt, wie sie einander näherkommen, in Phase 2, die sich nur in Sulpicias Worten widerspiegelt, erfahren wir von dem elegischen Liebesleid der *puella*. Die beiden Elegien, in denen Sulpicia in der ersten Hälfte des Zyklus selbst spricht (3.9 und 11), erinnern stilistisch und motivisch teils an die Elegien 4.3 und 11 des Properz, in denen ausschließlich Arethusa und Cornelia reden, teils an Ovids *Epistulae Heroidum*. Der Anonymus wollte offensichtlich seinem Tibull, dessen historisches Vorbild keine Elegien einer „ich" sagenden Frau verfaßt hatte, nun doch noch Gelegenheit geben, mit den beiden anderen Elegikern auf dem Gebiet dieser Gattungsvariante zu wetteifern. An den Elegien der zweiten Hälfte des Zyklus, in denen ausschließlich Sulpicia zu Wort kommt, fällt auf, daß sie sehr kurz sind und stilistisch die Eleganz der Elegien 3.9 und 11 vermissen lassen. Ihre nicht leicht überschaubare Syntax und die Verwendung von Wörtern der Prosa wird von denjenigen, die die Gedichte der „echten" Sulpicia zuweisen, als wichtiges Argument der Verfasseridentifizierung angeführt: So müsse eine Römerin geschrieben haben, da Frauen in der Antike nicht so gebildet waren wie Männer. Manche Philologen sprachen sogar von „weiblichem Latein". Doch in ihrem Umfang und in ihrer Diktion entsprechen die Gedichte 3.14–18 genau der Textsorte, als die sie sich geben: der kurzen brieflichen Mitteilung. Dazu paßt nun gut, daß Ovid, auf dessen Werke im ganzen Buch immer wieder angespielt wird, in Buch 3 der *Ars amatoria* den *puellae* empfiehlt, in Briefen an den von ihnen geliebten Mann „nette, aber naheliegende und vertraute Worte", also die „allgemein übliche Ausdrucksweise" zu verwenden (479f.).

Dies ist nur ein Beispiel für die zahlreichen Fälle von subtiler literarischer Anspielung, die das ganze dritte Buch des *Corpus Tibullianum* aufweist. Sie belegen, daß Pseudo-Tibull sich, wie in der Antike auch gar nicht anders zu erwarten, an eine gebildete Leserschaft wandte. Es ist deshalb unwahrscheinlich, daß es sich bei dem Buch um eine „Fälschung" handelte, die in der Absicht angefertigt wurde, den Leser glauben zu machen, er habe es wirklich mit Tibull-Gedichten zu tun. Ich denke eher, von uns wird erwartet, daß wir in diesen Elegien Schöpfungen eines Autors sehen, der uns zu einem literarischen Erkennungsspiel einlädt. Denn nur wenn wir sie unter diesem Aspekt lesen, lohnt sich die Lektüre.

Nachdem Tibull früher bei weitem nicht so häufig untersucht worden ist wie Properz, nahm das Interesse in den siebziger und achtziger Jahren etwas zu, ist aber seitdem wieder zurückgegangen. Wieder erlaubt der Hinweis auf eine Bibliographie (HARRAUER [1971]) und mehrere Forschungsberichte (BALL [1983], DETTMER [1983], FISHER [1983], MILITERNI DELLA MORTE [1984–2000]) die Beschränkung auf eine Nennung der wichtigsten Arbeiten. Neben der lange Zeit allein brauchbaren Ausgabe von LENZ/GALINSKY (^{3}1971) sollte man jetzt außer LUCK (^{2}1998) unbedingt auch LEE (^{3}1990) benutzen und bei der textkritischen Analyse den Index von O'NEIL (1963) einsehen. Neben den immer noch sehr nützlichen Kommentaren von DISSEN (1835) [auch zu Buch 3] und SMITH (1913) [auch zu 3.8–20] sind aus jüngerer Zeit PUTNAM (1973) und MURGATROYD (1980) & (1994) zu nennen; bei der Lektüre von 1.1–4 und 8–10 leisten trotz des biographischen Interpretationsansatzes die gründlichen Analysen von WIMMEL (1968, 1976, 1983) wertvolle Hilfe. Eine deutsche Prosaübersetzung nur der Bücher 1 und 2 enthält LUCK (1964), eine Prosaübersetzung des gesamten Corpus LEE (^{3}1990). Die Gesamtdarstellungen von BRIGHT (1978), CAIRNS (1979), MUTSCHLER (1985b) und C. NEUMEISTER (1986) sind gleichermaßen zu empfehlen. Von den Untersuchungen zur Sprache nenne ich MALTBY (1999a) & (1999b), von Arbeiten zu Einzelaspekten der Interpretation MOSSBRUCKER (1983), MALTBY (1996) und LEE-STECUM (1997). Wirklich nützliche Einzelinterpretationen bieten außer MUTSCHLER (1985b) folgende Arbeiten: zu 1.1: LEE (1974) und LYNE (1998c); 1.8 und 9: BOOTH (1996); 2.3: C. NEUMEISTER (1986, 35–58); 2.5: C. NEUMEISTER (1988); 2.6: REEVE (1984).

Außer den oben genannten Kommentaren, die auch Buch 3 des *Corpus Tibullianum* ganz bzw. teilweise berücksichtigen, ist für das ganze Buch TRÄNKLE (1990) und für 3.1–6 NAVARRO ANTOLÍN (1996) zu nennen. Das ganze Buch analysieren HOLZBERG (1998/99) und (mit Schwerpunkt auf dem Stil) HOOPER (1975). An Einzeluntersuchungen nenne ich: zu 3.1–6: LEE (1958/59) und AXELSON (1960); zu 3.7: BRIGHT (1984) und SCHOONHOVEN (1983); zu 3.8–18: Forschungsbericht: PIASTRI (1998); Sprache: LOWE (1988) und MIRALLES MALDONADO (1990); alle Gedichte: HINDS (1987) und RUIZ SÁNCHEZ (1996); 3.8: GAERTNER (2000); 3.9 und 11: PARKER (1994); 3.10: FREDERICKS (1976); 3.13–18: SANTIROCCO (1979), HALLETT (1989), PROBST/PROBST (1992), KEITH (1997) und FLASCHENRIEM (1999); zu 3.19: KNOCHE (1956) und LEE (1963).

5. OVID, *AMORES*

Einer der wichtigsten Unterschiede zwischen Ovids *Amores* auf der einen und den Elegiensammlungen des Properz und Tibull auf der anderen Seite besteht darin, daß Ovid seine elegische *persona* vom ersten Gedicht an primär als Verfasser von Liebesgedichten, der auch andere Poesie hätte schreiben können, nicht als *amator*, den die Liebe zu einer *puella* zum Dichten treibt, sprechen läßt. Gewiß, auch der in den *Amores* „ich" Sagende erzählt von seinen Liebeserfahrungen und macht uns dabei wie die Ich-Sprecher bei Properz und Tibull zu Zeugen einer Entwicklung, die er als *amator* durchläuft. Aber die „Autobiographie" des Liebenden wird von derjenigen des *poeta* überlagert. Das wird dadurch bewirkt, daß sechs poetologische Gedichte, von denen je zwei am Anfang und am Ende jedes der drei Bücher stehen (1.1, 1.15, 2.1, 2.18 [Vorschlußgedicht], 3.1 und 3.15), die Entstehungsgeschichte der Gedichtsammlung vom Beginn der Tätigkeit des Ich-Sprechers als Dichter von Elegien chronologisch bis zu dem Zeitpunkt nachzeichnen, zu dem er das Überwechseln in eine andere Gattung ankündigt, und zwar in die der Tragödie. Diese Entstehungsgeschichte ist wie die „Liebesgeschichte" reine Fiktion, hat also nichts mit der Entwicklung des realen Autors als Dichter zu tun. Zwar gilt Ovid aufgrund einiger antiker Zeugnisse als Verfasser einer (verlorenen) Tragödie *Medea*, aber ein solches Stück kann in dem Gedicht, in dem der Ich-Sprecher Hinweise auf die von ihm nach den Liebeselegien zu schreibende Tragödie gibt, nicht gemeint sein. Denn er berichtet in 3.1, wie ihn die Personifikation der Gattung, die sich selbst als *Romana Tragoedia* bezeichnet (29), dazu auffordert, von *facta virorum* („Taten von Männern") zu singen (25), also einen historischen Stoff für die Bühne zu bearbeiten. Ein solcher repräsentiert wie die zeitgeschichtliche Thematik, der sich zu widmen der Sprecher von Gedicht 2.1 des Properz ablehnt (s. S. 50), die Gegenwelt zum Daseinsbereich des elegisch Verliebten und wird somit auch hier nur als solche in den Blick genommen. Ich meine also, wenn ich im folgenden den „ich" Sagenden der *Amores* der Einfachheit halber als Ovid bezeichne (zur näheren Begründung s. S. 28), an den Stellen, wo ich von ihm als potentiellem Tragödiendichter spreche, nicht den Autor der *Medea*.

Als ebenso fiktiv wie die in den poetologischen Gedichten der *Amores* behandelte Entstehungsgeschichte der Sammlung darf man die Editionsgeschichte ansehen, die die drei Bücher vor dem Beginn der elegischen „Autobiographie" in einem Epigramm erzählen:

> *Qui modo Nasonis fueramus quinque libelli,*
>   *tres sumus; hoc illi praetulit auctor opus.*
> *ut iam nulla tibi nos sit legisse voluptas,*
>   *at levior demptis poena duobus erit.*

Die wir kürzlich noch fünf Büchlein Nasos waren, sind nun drei; dieses Werk zog der Autor jenem vor. Wenn es auch jetzt für dich kein Vergnügen ist, uns zu lesen, wird doch leichter die Pein sein, nachdem zwei weggenommen sind.

Wer aus diesen Versen die These ableitet, der reale Autor der *Amores* habe die Sammlung zunächst in fünf Büchern und viele Jahre später in einer auf drei Bücher zusammengekürzten zweiten Auflage publiziert, dem darf man mehrere Fragen stellen: Muß der reale Autor den umfangreicheren Text, wenn es ihn denn wirklich gab, der Öffentlichkeit vorgelegt haben? Warum sind von den Gedichten, die in den „weggenommenen" Büchern der „ersten Auflage" standen, nicht einmal winzige Fragmente erhalten? Soll es etwa ernst gemeint sein, wenn die drei Bücher verkünden, der Leser werde weniger „Pein" bei ihrer Lektüre als bei der längeren Fassung haben? Da die sprechenden *libelli* offenkundig der fiktiven Welt der „Autobiographie" Ovids angehören, liegt es näher, an eine metapoetische Aussage zu denken, die mit einer scherzhaften

Bezugnahme auf das berühmte Wort des Kallimachos von einem „großen Buch" als einem „großen Übel" (Frg. 465 Pf.) verbunden ist. Dementsprechend erklären die *libelli* einfach, sie seien als Werk, das nicht mehr so groß ist wie in einer älteren Phase ihrer Genese, das kleinere Übel. Das ist einerseits ironisch gemeint, steht aber andererseits im Einklang mit der Forderung der kallimacheischen Poetik nach sorgfältig ausgearbeiteter und auf wirklich gelungene Verse beschränkter Dichtung. Vielleicht spielen die *libelli* auch auf Vorgänger im Bereich der Gattung an. Gallus und Properz publizierten Sammlungen zu je vier Büchern, und so könnte Ovid, der an vielen Stellen der *Amores* als Prahler in Erscheinung tritt, indirekt sagen wollen: „Ich hätte ein Buch mehr als Gallus und Properz veröffentlichen können, aber als guter Kallimacheer habe ich mir das natürlich versagt."

Dagegen, daß das Triptychon der *Amores* durch „Wegnahme" von zwei Büchern entstand, spricht auch die Tatsache, daß die Sammlung in der vorliegenden Form eine in sich schlüssige Erzählstruktur mit Anfang, Mitte und Ende aufweist. Wie gesagt, man kann die Elegien in der Reihenfolge, in der sie angeordnet sind, als „Geschichte" lesen. Man muß jedoch, wenn man die einzelnen „Kapitel" der Geschichte, die in den Elegien nachgezeichnet wird, als Episoden eines Handlungskontinuums betrachten möchte, immer wieder in den „Pausen" zwischen den „Episoden" Blanks sehen und diese auszufüllen versuchen. Eines von mehreren möglichen Ergebnissen eines derartigen Versuchs, wie ihn selbstverständlich jeder Leser machen darf, habe ich in meiner Ovid-Monographie vorgelegt (^{2}1998, 55–74). Ich bin mir freilich dessen bewußt, daß Ovid, der, wie gesagt, primär als *poeta* erzählt und somit sogar innerhalb der Fiktion seiner Erzählung den *amator* nur mimt, mehr daran interessiert ist, das Exemplarische seines Handelns in der Rolle des elegisch Liebenden darzustellen, als den konkreten Verlauf seiner Liebeserfahrungen zu rekapitulieren. Das gibt er selbst im Programmgedicht zu Buch 2 zu verstehen (1.5–10):

> *me legat in sponsi facie non frigida virgo*
> *et rudis ignoto tactus amore puer;*
> *atque aliquis iuvenum, quo nunc ego, saucius arcu*
> *agnoscat flammae conscia signa suae*
> *miratusque diu 'quo' dicat 'ab indice doctus*
> *conposuit casus iste poeta meos?'*

Mich sollen lesen das junge Mädchen, das nicht kalt ist beim Anblick des Verlobten, und der unerfahrene Knabe, wenn er berührt ist von der ihm unbekannten Liebe. Und irgendein junger Mann, verwundet von dem Bogen, von dem ich jetzt verwundet bin, soll erkennen die seine Liebesglut bezeugenden Zeichen und lange staunen und sagen: „Von welchem Informanten belehrt, hat dieser Dichter da meinen Fall dargestellt?"

Es sind also typische Situationen im Verlauf der „Liebesgeschichte" eines elegischen *amator*, die die *Amores* widerspiegeln, und zwar in etwa in der Reihenfolge, in der dieser sie erleben könnte. Doch auf Chronologie im engeren Sinne wird dabei nicht viel Wert gelegt. Zwar ist deutlich, daß von Erfahrungen, wie der *amator* sie am Anfang einer „Liebesgeschichte" macht, vor allem zu Beginn der Sammlung die Rede ist und daß im letzten Drittel das Ende immer deutlicher erkennbar wird. Aber der breite „Hauptteil" der „Geschichte" ist stärker vom Prinzip des Wechsels zwischen Erlebnissen des *amator*, die auf eine Fortsetzung der „Liebesgeschichte" hoffen lassen, und solchen, die ihren Abschluß anzeigen, als von dem Prinzip einer kausalen Geschehensentwicklung geprägt.

5.1 Das erste Buch

Während Properz und Tibull bereits in den Eröffnungsgedichten ihrer Sammlungen voraussetzen, daß sie in eine bestimmte *puella* (Cynthia bzw. Delia) verliebt sind, benötigt Ovid zu Beginn seiner *Amores* drei Gedichte, um darüber zu berichten, wie er zum Dichter erotischer Elegien „geweiht" wird (1.1), wie er sich verliebt (1.2) und wie er seiner *puella*, deren Namen er nicht einmal nennt, seine Liebe erklärt (1.3). Dichtertum, Verliebtheit und Beginn der Beziehung zu Corinna – der Name erscheint wie bei Catull und in Buch 2 des Properz erst im fünften Gedicht – werden also inszeniert. Am Anfang von 1.1 ist Ovid gerade dabei, ein Epos zu schreiben, das wie Vergils *Aeneis* mit dem Wort *arma* (Waffen) beginnt und einen entsprechenden Stoff behandeln soll. Aber Amor stiehlt dem *poeta* bereits im zweiten Vers einen Versfuß, wodurch er das erste Verspaar in ein elegisches Distichon und damit zugleich den Epiker in einen Elegiker verwandelt (1–4). Ovid ist zunächst empört, weil der für eine „Dichterweihe" seiner Meinung nach nicht zuständige Liebesgott eine Kompetenzüberschreitung begangen habe (5–18), und beklagt sich dann bei Amor darüber, daß er gar nicht über die für Elegiendichtung notwendige *materia*, einen *puer* oder eine *puella*, verfüge (19f.). Dann heißt es weiter im Text (21–25):

> *questus eram, pharetra cum protinus ille soluta*
>   *legit in exitium spicula facta meum*
> *lunavitque genu sinuosum fortiter arcum*
>   *'quod'que 'canas, vates, accipe' dixit 'opus.'*
> *Me miserum! certas habuit puer ille sagittas.*
>   *uror, et in vacuo pectore regnat Amor.*

So hatte ich geklagt, als er auch schon, nachdem er den Köcher geöffnet hatte, zu meinem Verderben gemachte Pfeile wählte, mit dem Knie den Bogen kräftig spannte, bis er halbmondförmig war, und sagte: „Empfange den Stoff, den du singen sollst, Dichter!" Ich Armer! Treffsichere Pfeile hatte jener Knabe: Ich brenne, und in der leeren Brust herrscht Amor.

Das ist ausgesprochen komisch: Geradezu formelhaft spricht der von Amors Pfeil getroffene Ovid plötzlich, indem er die geradezu abgedroschenen Wendungen *me miserum* und *uror* gebraucht, genauso, wie es sich für einen Verfasser von Liebeselegien gehört. Nur ein solcher ist er vorläufig, da er am Ende des Gedichts nicht mehr sagt, als daß er sich zur Übernahme der Tätigkeit des Elegikers bereit erklärt (26–30). Als *poeta/amator*, also als Elegiker, der auch verliebt ist, präsentiert er sich erst im nächsten Gedicht (1.2), in dem er nach einer schlaflosen Nacht erklärt, daß seine Brust jetzt von dem wilden Amor, der von ihr Besitz ergriffen hat, in Unruhe versetzt werde (1–8). Er befindet sich somit im Zustand des *servitium amoris*, aber statt darüber in der herkömmlichen Weise elegisch zu klagen, fügt er sich freiwillig (9–22) und marschiert als Gefangener beim Triumphzug Amors mit (23–52). Was spätestens in diesem Gedicht deutlich erkennbar wird, gilt für die *Amores* generell: Mit den elegischen „Wertbegriffen", die schon Properz in seinem dritten Buch nicht mehr ganz ernst nimmt und deren Verwendung in Tibulls Buch 2 zur Groteske ausartet, wird hier fast nur noch gespielt, ja Ovid setzt sie in einigen Gedichten sogar außer Kraft.

Wer so heiter wie dieser *poeta* von dem Beginn seiner Liebe zu berichten vermag, kann auch in dem ersten Gedicht, in dem er die *puella* anspricht (1.3), ganz nüchtern eine Art „Liebespakt" vorschlagen. Dieser besteht darin, daß er, wenn sie sich von ihm „lieben lasse" (3) – schon hier wird deutlich, daß er primär an der körperlichen Liebe interessiert ist –, sowohl zu *foedus aeternum* und *servitium amoris* als auch dazu bereit ist, die *puella* durch seine Dichtung berühmt zu machen. Das Inszenieren setzt sich also fort, ja weitet sich in 1.4 zu regelrechten Regieanweisungen für die *puella* aus: In diesem Gedicht instruiert er sie detailliert, wie sie sich bei einem Gastmahl, bei dem er, sie und ihr *vir* anwesend sind, so verhalten kann, daß er mit ihr ständig in erotischem Kontakt ist, ohne daß sein Rivale es bemerkt. Ovid hält hier die erste von mehreren langen Reden, die ihn, weil seine vielen Worte stets ins Leere gehen, als die lächerliche Figur des Maulhelden charakterisieren. Wie nutzlos das ist, was er in 1.4 sagt, zeigt sich spätestens in 2.5, wo es wieder um ein von Ovid, der *puella* und ihrem *vir* besuchtes Gastmahl geht: Hier wird uns geschildert, wie die Instruktionen des „Regisseurs" von 1.4 so ausgeführt werden, daß er selbst die Rolle des Hintergangenen spielen muß. Mißerfolg in der Liebe überwiegt auch in den erotischen

Erfahrungen der beiden anderen Elegiker, aber bei Ovid ist die motivische Nähe zur Komödie besonders deutlich. Gewiß, es gibt auch Erfolge. Gleich in 1.5 berichtet Ovid, daß Corinna, als er sich zum Mittagsschlaf hingelegt hatte, ihn besucht habe und, nachdem er ihr die Tunika heruntergerissen und mit ihr „gekämpft" habe, mit ihm ins Bett gegangen sei. Auch die Erzählung dieses Ereignisses erzeugt beim Leser die Vorstellung einer von Akteuren gespielten Szene. Diese erreicht ihren Höhepunkt damit, daß Corinnas entblößter Körper, den Ovid ausführlich beschreibt, zur Schau gestellt wird (17–24), der *poeta* die Nackte an sich preßt und gleich darauf ein *fade out* folgt. So endet das Gedicht ganz plötzlich mit diesen Worten Ovids (25 f.):

> *cetera quis nescit? lassi requievimus ambo.*
> *proveniant medii sic mihi saepe dies.*

Das Weitere – wer kennt es nicht? Ermattet ruhten wir beide. Mögen die Mittagsstunden sich mir oft so gestalten.

Es geschieht sicherlich in der Absicht, den Leser erotisch besonders zu stimulieren, wenn Ovid die Darstellung der Vorgänge im Bett in den „hinterszenischen Raum" verlegt. Aber sein Schweigen über „das Übrige" ist, wie erstmals Gerlinde Bretzigheimer gesehen hat (2000, 201) auch witzig. Denn was will Properz tun, wenn Cynthia nackt mit ihm ringt, weil er ihr das Gewand heruntergerissen hat? Er will lange Iliaden dichten (2.1.13.f.; s. S. 50f.). Und das erscheint in einem komischen Licht, wenn wir lesen, daß Ovid, nachdem auch er seine *puella* gewaltsam entkleidet und mit ihr gerungen hat, offenbar ganz einfach nur mit ihr schläft.

Properzische Szenen und Motive werden in den *Amores* immer wieder betont ins Komödienhafte transponiert. Für Buch 1 sind besonders die Elegien 6–8 zu nennen: Ovid spricht in 1.6 als *exclusus amator* (vgl. Prop. 1.16), liefert in 1.7 das Gegenstück zu Properzens Gedicht 3.8 über manuelle Attacken Cynthias, indem er sich vor der gerade von ihm geschlagenen *puella* heftig anklagt, und zitiert den Lehrvortrag einer alten Kupplerin für die *puella* (vgl. Prop. 4.5), den er in eine Lauscherszene nach Art des Plautus einbettet. Nehmen wir als Beispiel Elegie 6. Hier zieht Ovid die traditionelle Serenadenszenerie ins Lächerliche, indem er das Pathos des Paraklausithyrons durch eine Reihe von Witzen konterkariert. So ist der Adressat des Gedichts nicht wie bei Properz die Tür, sondern der *ianitor*, ein hinter der Tür angeketteter Sklave, mit dem der *exclusus amator* sich solidarisiert. Er stellt sich vor, daß bei dem Angeredeten dessen *amica* ruhe, und verkündet, er würde, um selbst in dieser Lage zu sein, sich gleichfalls fesseln lassen (45–47). Das Spiel mit dem Topos des *servitium amoris* ist dabei ebenso unverkennbar wie an einer anderen Stelle die komische Abwandlung des *foedus-aeternum*-Motivs durch den Gedanken, Ovid könne, wenn der *ianitor* die Tür nur einen Spalt öffnet, mit seinem durch einen *longus amor* abgemagerten Körper leicht ins Haus schlüpfen (3–6). Bezeichnenderweise ist das Hauptthema der *querella* in diesem Paraklausithyron nicht die sonst üblicherweise beklagte Ablehnung durch die untreue *puella*, sondern das Verstreichen der Zeit, die besser genutzt werden könnte. Das kommt formal durch folgenden Kunstgriff zum Ausdruck: Im Mittelteil des Gedichts enden fünf Gruppen von je vier Distichen (17–56) mit dem Pentameter

tempora noctis eunt; excute poste seram.

Die Stunden der Nacht gehen dahin; stoß aus dem Pfosten den Riegel!

Dieses Gliederungssystem hat zur Folge, daß die Elegie an ein mehrstrophiges Lied erinnert, zumal der Refraincharakter des zitierten Verses durch die zweimalige Vokalfolge e-o-e in den Anfangssilben und den streng parallelen Bau der beiden Pentameterhälften (3 + 2 + 2 Silben) unterstrichen wird. Und der Effekt: Das Paraklausithyron wirkt geradezu wie heruntergeleiert, was ja gut dazu paßt, daß es zum „Alltag" des elegisch Verliebten gehört, vor der Tür der *puella* zu jammern.

Wie man sieht, werden in 1.6 die elegischen „Wertbegriffe"

foedus aeternum und *servitium amoris* dadurch besonders lächerlich gemacht, daß Ovid sie „beim Wort nimmt". Gegenstand einer solchen Eulenspiegelei wird in 1.9 die *militia amoris*. Der Dichter begnügt sich nicht damit, den Begriff wie Properz als Metapher zu verwenden (s. S. 42f.), sondern zeigt anhand eines ausführlichen Vergleichs zwischen der Tätigkeit des elegisch Liebenden und der des Kriegers, daß beide in seinen Augen tatsächlich ein auffallend ähnliches Leben führen. Für ihn entspricht z.B. die Nachtwache des auf dem Erdboden ruhenden *miles* der Situation des *exclusus amator* (7f.) oder der Soldat, der in das Lager der schlafenden Feinde eindringt, um dort mit bewaffneter Hand die wehrlosen Truppen niederzuhauen, dem elegisch Liebenden, der den Schlaf seines Rivalen ausnutzt, um in dessen Haus die ihm eigenen „Waffen" in Bewegung zu setzen (21–26). Nun hat bereits 1.6 gezeigt, wie ungern Ovid sich im Sinne von 1.9 als *miles* betätigt, und wenn man sein Verhalten als elegischer Liebhaber, von dem er in den übrigen Gedichten der *Amores* erzählt, an dem mißt, was er in 1.9 zu den Pflichten eines „Soldaten der Liebe" rechnet, stellt man immer wieder fest, daß er diese Pflichten keineswegs erfüllt. So behauptet er in 1.9 z.B., der elegisch Liebende durchquere, wenn er seiner *domina* nachreisen muß, Flüsse, deren Wassermenge durch Regengüsse verdoppelt ist (11f.). Aber in 3.6 reagiert er darauf, daß ein etwas angeschwollener Gießbach ihm den Weg zur *domina* versperrt, lediglich mit einer langen Anklagerede, die er durch eine mythische Einlageerzählung ebenfalls „anschwellen" läßt, nämlich auf 106 Verse, wodurch das Gedicht zum zweitlängsten der *Amores* wird. Wie diese Elegie ist 1.9 ein gutes Beispiel für den Hang Ovids zur Großsprecherei, wobei hier nun auch noch ein motivischer Bezug zu der Komödienfigur des *miles gloriosus* („prahlerischer Soldat") hergestellt wird.

Liest man die übrigen Gedichte von Buch 1 der *Amores* unter dem Aspekt der Relation von Anspruch und Wirklichkeit, stellt man immer wieder fest, welch großen Spaß der reale Autor der Sammlung offenbar daran hat, seine elegische *persona* als Maulhelden vorzuführen. Elegie 10, die sich von Ovids Empörung darüber, daß die *puella* Geschenke fordert, zu einer Diatribe gegen käufliche Frauen ausweitet, endet nicht, wie der *poeta* den Leser zunächst erwarten läßt, mit einer Aufkündigung der Liebe zu der *puella*, sondern mit dem Einlenken des Empörten: Die Angesprochene möge sich das, was er ihr verweigere, wenn sie es fordert, eben nicht wünschen, und dann werde er es ihr geben. Aufgebracht und entsprechend pathetisch redet Ovid auch in Elegie 12, weil Corinna auf seinen Brief mit der Bitte um ein Rendezvouz, den er der Elegie 11 zufolge eine Sklavin überbringen ließ, mit einer Absage reagierte. Aber in seinem Ärger darüber beschimpft er dann nicht die *puella*, sondern die Schreibtäfelchen, auf denen der Brief stand. Adressat einer weiteren anklagenden Rede ist in Elegie 13 die Göttin Aurora – dazu gleich mehr –, und in Elegie 14 macht Ovid der *puella* erneut Vorwürfe. Ihr waren die Haare ausgegangen, nachdem sie sie gefärbt hatte, und in der bereits vertrauten Weise beendet der Ankläger seine Tirade durch eine überraschend versöhnliche Bemerkung: Bald werde man die Haarpracht der *puella* wieder bewundern können. Den Höhepunkt erreicht pathetisches Rodomontieren in Gedicht 15, dem metapoetischen Epilog von Buch 1. Dort verheißt der Elegiker, dessen Gedichte der personifizierte Neid als Werk eines trägen Geistes bezeichnet hat, ebendiesen Gedichten ewigen Ruhm.

Wenn man Elegie 13 zu lesen beginnt, erwartet man ein Gedicht, in dem Ovid, der offensichtlich eine Liebesnacht mit seiner *puella* verbracht hat, in seinen Erinnerungen an die in dieser Nacht erlebten Wonnen schwelgt. Denn das Gedicht, das als Archetyp des mittelalterlichen Tageliedes gelten darf, beginnt mit dem weichen lyrischen Tonfall der folgenden acht Verse (1–8):

> *Iam super oceanum venit a seniore marito*
> *flava pruinoso quae vehit axe diem.*
> *quo properas, Aurora? Mane: sic Memnonis umbris*
> *annua sollemni caede parentet avis.*

> *nunc iuvat in teneris dominae iacuisse lacertis;*
> *si quando, lateri nunc bene iuncta meo est.*
> *nunc etiam somni pingues et frigidus aer,*
> *et liquidum tenui gutture cantat avis.*

Schon kommt über den Ozean von der Seite des gealterten Gatten sie, die rötlichgelb mit ihrem von Tau bedeckten Wagen den Tag heraufführt. Wohin eilst du, Aurora? Warte noch! Dann möge dem Schatten Memnons jährlich mit feierlichem Mord das Totenopfer bringen der Vogel. Jetzt ist es herrlich, in den zarten Armen der Herrin zu liegen; wenn jemals, dann ist sie jetzt wohlig an meine Seite geschmiegt. Jetzt ist auch der Schlaf so richtig tief und kühl die Luft, und hell mit zarter Kehle singen die Vögel.

Doch von Vers 9 an ist die *domina*, die neben Ovid liegt, vergessen, und das Gedicht besteht bis zum vorletzten Distichon nur noch aus einer Beschimpfung der Morgenröte, weil diese es Tag werden läßt. Wie sinnlos auch diese großen Worte sind, kommt im letzten Distichon durch eine Überraschungspointe besonders deutlich und witzig zugleich zum Ausdruck (45 f.):

> *iurgia finieram. scires audisse: rubebat,*
> *nec tamen assueto tardius orta dies.*

Mein Schelten hatte ich geendet; man konnte meinen, sie habe es gehört: Sie errötete. Doch nicht später als gewohnt begann der Tag.

Wie gesagt, auch Elegie 1.15 bietet eine Variante der Großsprecherei des *poeta*. Doch da Ovid hier zur poetologischen Thematik des Eröffnungsgedichtes zurückkehrt und seinem Beitrag zu der Gattung, die zu wählen ihn Amor zwang, nunmehr die Unsterblichkeit verheißt, liest sich das Gedicht wie der Epilog einer Monobiblos. Das findet eine Bestätigung darin, daß Ovid Buch 2 mit Worten beginnt, die wie die Ankündigung einer neuen Sammlung klingen und auf eine erneut erfolgte gewaltsame „Dichterweihe" durch den Liebesgott Bezug nehmen (2.1.1–3):

> *Hoc quoque composui Paelignis natus aquosis*
> *ille ego nequitiae Naso poeta meae;*
> *hoc quoque iussit Amor ...*

Auch dies habe ich verfaßt, ich, geboren bei den mit Wasser gesegneten Pälignern, ich, Naso, der Dichter meiner eigenen Nichtsnutzigkeit. Auch dazu gab Amor den Befehl ...

Da Ovid im letzten Gedicht von Buch 3 von den zum Abschluß gebrachten Elegien sagt (3.15.3):

quos ego composui, Paeligni ruris alumnus,

Diese habe ich verfaßt, ich, ein Zögling des Pälignerlandes,

und da Buch 2 als einziges nicht mit einer poetologischen, sondern mit einer erotischen Elegie endet, die unmittelbar auf eine poetologische Elegie folgt und eindeutig eine Brücke zu Buch 3 schlägt, darf man Buch 2 und 3 als kompositorische Einheit und somit wie Buch 2–4 des Properz als „zweite Sammlung" betrachten. Aber das Epigramm am Anfang der *Amores* läßt die drei Bücher als Kollektiv zum Leser sprechen. Außerdem bieten diese drei Bücher auf der Ebene der „Liebesgeschichte" drei „Handlungsphasen". Setzt man nämlich voraus, daß Ovid in Buch 1 nur von seinen Liebeserfahrungen mit einer einzigen Frau spricht – die Analogie zu den Sammlungen Catulls und des Properz legt nahe, die in den Elegien 3, 4, 6–10, 13 und 14 direkt bzw. indirekt angesprochenen *puellae* und *dominae* mit Corinna zu identifizieren –, dann repräsentiert dieses Buch die erste Phase der „Liebesgeschichte". Denn in Buch 2 tritt die „Handlung" insofern in eine neue Phase ein, als Ovid hier erstmals von Erfahrungen mit Frauen spricht, die eindeutig nicht mit Corinna bzw. der *puella* in Buch 1 und in den Elegien 2.1, 5, 9, 15, 16 und 18 identisch sind, und Buch 3 steht ganz im Zeichen des Abschieds von der elegischen Liebe und der Liebeselegie. Nun enthält Buch 1, wie wir gesehen haben, am Anfang eine Gedichttrias, in der Ovid den Beginn seines elegischen Dichtens und Liebens darstellt, und auf diese folgt eine Sequenz von elf Elegien, die, wenn man sie als ganze überschaut, das Auf und Ab seiner Erfahrungen mit der Liebe zu der einen *puella* namens Corinna beschreibt. Ganz gleich, ob wir diese Gedichtsequenz durch Ausfüllen ihrer Blanks als richtige Handlung lesen oder uns damit begnügen, das Exemplarische der einzelnen Situationen im Leben eines elegisch Liebenden wahrzunehmen, so empfiehlt sich doch auf jeden Fall eine lineare Lektüre der Elegien in Buch 1. Und dies gilt gleichfalls für die Elegien der beiden anderen Bücher.

5.2 Das zweite Buch

Aus dem poetologischen Eröffnungsgedicht von Buch 2 geht hervor, daß Ovid wieder vergeblich versucht hat, ein Epos zu schreiben, und zwar eine Gigantomachie. Wieder wurde er in einen Elegiker verwandelt, diesmal von der *puella*, die als Mittel der Werbung um ihre Gunst nicht Verse über den Blitze schleudernden Jupiter, sondern nur *blanditias elegosque levis* (21: „zärtliche Worte und sanfte Elegien") zuließ. Also wendet Ovid sich erneut dieser Art von Poesie zu, und man erwartet, daß er auch jetzt die eine *puella*, also Corinna, ins Zentrum seines Dichtens stellen wird. Entsprechend überrascht ist man, in dem Gedichtpaar 2.2/3 von der Liebe des *poeta* zu einer anderen *puella*, die er gerade erst in der Säulenhalle des Apollontempels auf dem Palatin kennengelernt hat (2.3f.), zu erfahren: Er fordert hier den Bewacher der bei einem *vir* lebenden Frau, einen Eunuchen namens Bagoa, dazu auf, ihm bei dem von ihm gewünschten erotischen Abenteuer nicht im Wege zu stehen. Doch damit nicht genug. In Elegie 2.4 verkündet Ovid – und damit wendet er sich erstmals ganz betont gegen die elegische „Grundordnung" –, er sei polygam, und nennt in einer Art Katalog die Reize der verschiedensten Frauen, die ihm diese besonders anziehend erscheinen lassen. Aber nicht nur der *poeta* zeigt sich jetzt offen dazu entschlossen, dem bisherigen Partner in einem elegischen Liebesverhältnis nicht mehr treu zu sein. Aus Elegie 2.5, die einen deutlichen Kontrast zu Ovids erstem expliziten Bekenntnis seiner Bereitschaft zum Bruch mit den elegischen „Wertbegriffen" darstellt, geht, wie bereits gezeigt wurde (s. S. 115), klar hervor, daß die *puella* Ovid betrügt. Das wiederum empört diesen denn doch heftig, wie seine von ihm in diesem Gedicht geschilderte Reaktion zeigt. Und so dürfen wir es als „Gegenschlag" auffassen, wenn er – das ergibt sich aus dem Gedichtpaar 2.7/8 – Corinna mit ihrer Sklavin Cypassis betrügt.

Da Ovid in der ersten Hälfte von Buch 2 in mehreren Gedichten von der traditionellen Position des elegisch Liebenden abrückt, ist damit zu rechnen, daß er die Rolle dieser Figur nicht mehr lange spielen wird. Die erste Vorausdeutung auf das Ende der „Karriere" des *poeta/amator* gibt, wie ich meine, Elegie 2.6. Es ist die erste von zwei Totenklagen in den *Amores*: Hier trauert Ovid über den Tod des Papageis der Corinna, in 3.9 über den Tod Tibulls. Man hat beobachtet, daß die Charakterisierung des Vogels, um den es in 2.6 geht, auffallende Ähnlichkeiten mit dem aufweist, was Ovid an anderen Stellen der Elegiensammlung über sich selbst sagt. Der Papagei zeigte sich besonders begabt in der *imitatio* (1; 23 f.), er hatte einen „gelehrigen Mund" (62), Freude an zu vielen Worten (26; 29), lebte bescheiden (31 f.) und war, statt *fera bella* („wilde Kriege") anzuzetteln, ein *placidae pacis amator* (25 f.: „Freund des sanften Friedens"). Es liegt also nahe, die Beschreibung des Papageis als Allegorie zu lesen, und da Ovid erzählt, das Tierchen habe, als es verendete, *vale Corinna* gesagt, darf man gleichzeitig die Stimme des *poeta/amator* hören, der einen impliziten Hinweis auf seine Bereitschaft zum Abschied von der *puella* und der Liebeselegie gibt. Eine Bestätigung für diese Interpretation gibt die Klage über Tibulls Tod in 3.9. Zunächst einmal weist das Gedicht eine ähnliche Struktur wie 2.6 auf und lenkt wie diese Elegie am Schluß den Blick des Lesers auf den Ort, an dem der Verstorbene sich jetzt befindet: Hier ist es das Elysium der Liebesdichter, im Falle des Papageis das Elysium der Vögel. Ferner gehört Ovids Elegie auf den Tod Tibulls eindeutig zu einer Reihe von Gedichten des dritten Buches, in denen der Leser, wie wir sehen werden, auf das Ende der *Amores* eingestimmt wird.

In Buch 2 folgt auf das Tierepikedion und das Gedichtpaar über Ovid und Cypassis mit Elegie 9 ein Gedicht, in dessen erster Hälfte (1–24) Ovid bereits explizit zum Ausdruck bringt, daß er Amor nicht mehr länger dienen möchte. Da er das aber schon in der zweiten Gedichthälfte (25–54) widerruft, indem er sich dem Liebesgott nackt zum Pfeilschuß darbietet, pflegt man mit Vers 25, wo der Widerruf beginnt, ein neues Gedicht anfangen zu lassen. Auf diese Weise erhalten wir ein Buch mit 20 Elegien, das in der Mitte von zwei Büchern mit je 15 Elegien steht, und deshalb scheint die Teilung von Elegie 2.9 sinnvoll. Freilich ist dies zu bedenken: Buch 2 endet damit, daß auf ein poetologisches Gedicht, welches wie die beiden poetologischen Gedichte 1.15 und 3.15 als Epilog fungieren könnte, noch ein erotisches Gedicht folgt, das zu Buch 3 überleitet. Es wäre also denkbar, daß dem ungewöhnlichen Buchschluß eine für augusteische Gedichtbücher ungewöhnliche Anzahl von Gedichten entsprach und Buch 2 mithin tatsächlich nur 19 Elegien enthielt. Außerdem ist darauf zu verweisen, daß Elegie 10 eine motivische Entsprechung zu Elegie 9 zu bieten hat: Wie Ovid in Elegie 9, wenn man sie als Einheit liest, offenbar Probleme hat zu entscheiden, ob er Amor den Dienst aufkündigen soll oder nicht, so befindet er sich in Elegie 10 in einem Zwiespalt, der dadurch hervorgerufen wurde, daß er zwei Frauen gleichzeitig liebt. In keiner der beiden Elegien trifft er eine wirklich klare Entscheidung, sondern bekennt sich jedesmal ganz einfach zu dem Grundsatz, daß die Nacht nicht allein zum Schlafen bestimmt sei (9.39–42; 10.17–20). Das in beiden Fällen damit verbundene Bekenntnis zu einem Leben für die Liebe gipfelt in 2.10 in einer dazu passenden Todesvision (29–38):

> *felix, quem Veneris certamina mutua perdunt;*
> *di faciant, leti causa sit ista mei!*
> *induat adversis contraria pectora telis*
> *miles et aeternum sanguine nomen emat;*
> *quaerat avarus opes et, quae lassarit arando,*
> *aequora periuro naufragus ore bibat;*

> *at mihi contingat Veneris languescere motu,*
> *cum moriar, medium solvar et inter opus;*
> *atque aliquis nostro lacrimans in funere dicat*
> *'conveniens vitae mors fuit ista tuae.'*

Glücklich, wem die wechselseitigen Kämpfe der Venus das Ende bringen! Die Götter mögen bewirken, daß dies die Ursache meines Todes ist. Soll doch darbieten den feindlichen Geschossen direkt entgegen die Brust der Soldat und einen unvergänglichen Namen mit Blut erkaufen; mag der Habgierige nach Schätzen suchen und die Fluten, die er mit seinem Meerdurchpflügen erschöpft hat, schiffbrüchig mit meineidigem Munde trinken, doch mir sei beschieden, bei den Bewegungen der Venus zu vergehen, und wenn ich sterbe, will ich mitten im Werk dahinschwinden. Und irgend jemand möge weinend bei meinem Begräbnis sagen: „Im Einklang mit deinem Leben war dieser Tod."

Es entspricht ganz der elegischen Tradition, wenn hier den in Rom angesehenen Tätigkeiten des Soldaten und des nach Besitz Strebenden die Welt der Liebe entgegengesetzt wird. Wie in Properz 1.6 ist es das *perire in amore,* das Ovid sich als Alternative zum „bürgerlichen" Alltag wünscht (s. S. 42f.). Aber wieder nimmt er eine Metapher beim Wort und erzeugt so die ebenso pikante wie komische Vorstellung vom Exitus inmitten eines Geschlechtsaktes. Sie wird pointiert durch die Bestattungsszene abgerundet, die den Schluß von Properz 2.1 evoziert und gleichzeitig ins Lächerliche zieht: Dort bittet der elegisch Liebende Mäcenas, dieser solle einst an seinem Grab von ihm sagen, ihm sei ein hartherziges Mädchen zum Verhängnis geworden (78). Ovid treibt also wieder sein witziges Spiel mit der Gattung, aber es sind auch wieder große Worte, die er hier von sich gibt und die ihn in der Regel selbst komisch erscheinen lassen. Zwar steht das Bild vom Tod *in actu coeundi* spektakulär am Ende einer Reihe von Gedichten, in denen Ovid sich zur Polygamie bekennt und von Erfahrungen mit anderen Frauen als Corinna berichtet, und man könnte deshalb meinen, der *poeta/amator* sei im Bereich der Liebe jetzt so erfolgreich, daß er mit Recht so pathetisch nach

Leben und Sterben für die Erfüllung seiner sexuellen Wünsche verlangt. Doch auf Elegie 2.10 folgen sieben Gedichte, in denen plötzlich wieder allein Corinna im Zentrum steht und Ovid erneut mit Schwierigkeiten, vor die elegische Liebe stellen kann, zu kämpfen hat.

In Elegie 2.11 muß Ovid sich damit auseinandersetzen, daß die *puella* eine Seereise plant. Er reagiert damit, daß er ihr erst die auf dem Meer drohenden Gefahren ausmalt, dann aber einen herzlichen Empfang bei ihrer Rückkehr verspricht. Den Grund für die Fahrt nennt er nicht, so daß man nicht ohne weiteres voraussetzen sollte, es sei ein anderer Mann im Spiel. Aber wenn Ovid der *puella* gegen Ende des Gedichtes erklärt, er wolle ihr alles glauben, was sie ihm über ihre Reise berichten werde, darf man vielleicht doch an einen Rivalen denken. Denn in 3.14 wird er der *puella* Seitensprünge freistellen und sie gleichzeitig bitten, ihm diese konsequent zu verschweigen. Ganz überraschend spricht Ovid dann in 2.12 wieder in der Pose des erotisch Erfolgreichen, ja gebärdet sich wie ein Triumphator, weil er, wie er berichtet, Corinna trotz der Wachsamkeit von *vir*, Wächter und Tür erobert habe. Doch wie in 1.9 hat man den Eindruck, die Stimme eines *miles gloriosus* zu vernehmen, der Schein und Sein nicht auseinanderzuhalten weiß. Ovid sieht sich denn auch schon in dem Gedichtpaar 2.13/14 mit einer besonders harten Realität konfrontiert: Corinna hat abgetrieben und schwebt in Lebensgefahr. Er möchte zwar glauben, daß sie von ihm schwanger war, aber er weiß es nicht genau (13, 5 f.). Sein auf zwei Elegien verteilter Kommentar zu der fatalen Lage steigert sich in dem zweiten Gedicht zu einer Diatribe gegen die Tötung ungeborenen Lebens, die mit ihrem hohen ethischen Anspruch nicht recht zu ihm passen will und deshalb ähnlich lächerlich wirkt wie die anderen Elegien, in denen er große Worte macht. In den beiden nachfolgenden Gedichten, 2.15 und 16, spricht Ovid in der Situation des von seiner *puella* getrennten Elegikers. Seine Sehnsucht will er in 2.15 dadurch bekunden, daß er ihr einen Ring schickt. Am liebsten würde er sich freilich selbst in dieses Geschenk verwandeln, um ihr so nah wie möglich sein zu können, und wenn er sich vorstellt, als Ring beim Anblick der nackten *puella* eine Erektion zu bekommen und „die Rolle eines Mannes zu spielen", ist man besonders amüsiert. Auch Elegie 2.16, in der Ovid sich auf seinem Landgut in Sulmo nach seiner *domina* sehnt, ruft beim Lesen eher Schmunzeln als Mitgefühl hervor, da der *poeta* sich hier wie die Figur des verliebten Jünglings in der Komödie in seine Rolle als einsamer *amator* hineinsteigert.

Elegie 2.17 bildet den Höhepunkt und zugleich das Ende des mit 2.11 beginnenden Zyklus der Corinna-Gedichte. Ovid bekennt sich in der ersten Hälfte der Elegie (1–14) ganz konventionell zum *servitium amoris* und läßt so den Eindruck entstehen, er diene der *domina* und ihrer Schönheit nunmehr demütig im Bewußtsein seiner Unterlegenheit. Doch in der zweiten Hälfte (15–34) schränkt der *poeta* diese Bereitschaft zu sklavischer Hingabe erheblich ein, indem er überraschend erklärt, in einem Punkt sei die *puella* von ihm abhängig: Durch seine *carmina* könne er eine Frau berühmt machen, weshalb es auch eine gebe, die gerüchtweise verbreiten lasse, sie sei Corinna, weil sie es nur zu gern wäre. Die Elegie erinnert in ihrer Gedankenbewegung an Elegie 1.3, in der Ovid die *puella* zum ersten Mal angesprochen hatte. Auch dort hatte er sich zunächst zum *servitium amoris* bekannt und dann von seiner Fähigkeit gesprochen, ihren Namen zu verewigen. Wie der *poeta/amator* in Tibull 2.6 befindet sich der Sprecher von *Amores* 2.17 in einer ähnlichen Situation wie zu Anfang seiner Gedichtsammlung (s. S. 96f.), und wenn Ovid wie der Vorgänger in der Gattung primär als Liebender spräche, könnte man erwarten, daß auch er jetzt die Reihe seiner Elegien beendet. Aber er ist in erster Linie Dichter, und als solcher versucht er, sich von der *puella* zu trennen. Darüber berichtet er in der poetologischen Elegie 2.18, die der Leser zunächst für den Epilog des zweiten Buches halten muß, einem Freund, der wie der Adressat von Tibull 2.6 Macer heißt, wie folgt (1–12):

> *Carmen ad iratum dum tu perducis Achillem*
> *primaque iuratis induis arma viris,*
> *nos, Macer, ignava Veneris cessamus in umbra,*
> *et tener ausuros grandia frangit Amor.*
> *saepe meae 'tandem' dixi 'discede' puellae:*
> *in gremio sedit protinus illa meo;*
> *saepe 'pudet' dixi: lacrimis vix illa retentis*
> *'me miseram! iam te' dixit 'amare pudet?'*
> *implicuitque suos circum mea colla lacertos*
> *et, quae me perdunt, oscula mille dedit.*
> *vincor, et ingenium sumptis revocatur ab armis,*
> *resque domi gestas et mea bella cano.*

Während du deine Dichtung zum erzürnten Achilles hinführst und die ersten Waffen den verschworenen Männern anlegst, verweile ich, Macer, im lähmenden Schatten der Venus, und wenn ich mich an Erhabenes wagen will, zerschlägt es der zarte Amor. Oft sprach ich zu meinem Mädchen: „Geh endlich!" Auf meinem Schoß saß sie sogleich. Oft sagte ich: „Ich schäme mich." Sie hielt kaum die Tränen zurück und sagte: „Ich Arme! Schämst du dich, weil du liebst?" Und sie schlang ihre Arme um meinen Hals und gab mir tausend Küsse, die mich vergehen lassen. Ich bin besiegt, mein Talent wendet sich ab von den Waffen, die ich ergriff, und ich besinge zu Hause vollbrachte Taten und meine eigenen Kriege.

Die in den Programmgedichten zu Buch 1 und 2 beschriebenen Situationen haben sich offenbar wiederholt: Wann immer Ovid den erneuten Versuch unternahm, ein Epos zu schreiben, wurde er daran gehindert. Sowohl Amor als auch die *puella* holten ihn stets zur elegischen Liebe und Liebesdichtung zurück. Also probierte er es mit einer anderen Gattung (13–22):

> *sceptra tamen sumpsi curaque tragoedia nostra*
> *crevit, et huic operi quamlibet aptus eram.*
> *risit Amor pallamque meam pictosque cothurnos*
> *sceptraque privata tam cito sumpta manu;*
> *hinc quoque me dominae numen deduxit iniquae,*
> *deque cothurnato vate triumphat Amor.*

> *quod licet, aut artes teneri profitemur Amoris*
> *(ei mihi, praeceptis urgeor ipse meis!),*
> *aut quod Penelopes verbis reddatur Ulixi*
> *scribimus et lacrimas, Phylli relicta, tuas ...*

Das Szepter ergriff ich dennoch, und durch mein Bemühen wuchs eine [*oder:* nahm zu an Ansehen die Gattung] Tragödie, und für dieses Werk war ich gar nicht so ungeeignet. Da lachte Amor über mein Gewand und die bunten Kothurne und das Szepter, das ich, der Privatmann, so leichthin mit der Hand ergriffen hatte. Auch von hier zog mich ab die göttliche Macht meiner ungnädigen Herrin, und über den großen Dichter mit den Kothurnen triumphiert Amor. Dies darf ich: Entweder künde ich von des zarten Amors Künsten (Weh mir, ich gerate in Bedrängnis durch meine eigenen Lehren!), oder von dem, was durch Penelopes Worte berichtet wird dem Odysseus, schreibe ich und von deinen Tränen, verlassene Phyllis ...

Diesmal war Ovids Versuch, der elegischen Liebe und Liebesdichtung zu entkommen, mit dem Bemühen, eine Tragödie zu verfassen, verbunden. Da er in Elegie 1.1 sagt, Amor habe über sein Auftreten als Epiker gelacht, und jetzt berichtet, daß der Liebesgott beim Anblick des neuen Tragödiendichters ähnlich reagiert habe, darf man folgern: Ovid hatte mit der anderen „großen" Gattung sozusagen noch einmal von vorne anfangen wollen. Doch wieder hinderte Amor ihn an seinem Vorhaben, und wieder wurde der Gott dabei von der *puella* unterstützt. Ovid muß also weiterhin erotische Elegien dichten. Diesmal ist er allerdings nicht auf den Gattungstyp festgelegt. Denn es ist ihm freigestellt, entweder weiter an seinen *Amores* zu schreiben – dieses Werk ist, wie zuletzt Gerlinde Bretzigheimer überzeugend dargelegt hat (2000, 273ff.), mit den *artes Amoris* in Vers 19 gemeint, nicht die *Ars amatoria* – oder *Epistulae Heroidum* wie den Brief der Penelope an Odysseus (= Nr. 1), den der Phyllis an Demophoon (= Nr. 2) und andere Briefe, auf die in den Versen 23–26 angespielt wird, zu verfassen.

Von der Lizenz, in einen anderen Bereich der Gattung Elegie überzuwechseln, wird Ovid bereits in Buch 3 der *Amores*

Gebrauch machen. Er wird in dieses Buch zwar keine Heroinenbriefe, aber Elegien mit verwandten Stoffen aufnehmen: 3.6 und 3.10 mit den erotischen Erzählungen von Rhea Silvia und Ceres. Doch im übrigen bleibt er in den *Amores* bei der Liebeselegie in der Tradition der Sammlungen des Gallus, Properz und Tibull. Offensichtlich in der Absicht, seinen Gehorsam gegenüber Amor und der *puella* besonders eindrucksvoll zu demonstrieren, läßt Ovid noch im selben Buch eine Elegie folgen, in der er als *amator* spricht, hält sich also hier nicht an das für Buch 1 und 3 geltende Strukturprinzip, demzufolge ein Buch mit einem poetologischen Gedicht abschließt. Elegie 2.19 ist ferner dadurch besonders hervorgehoben, daß die elegische „Grundordnung" hier auf den Kopf gestellt ist. Während Properz und Tibull heftig klagen, wenn *puella* und Rivale ihnen das Leben schwermachen, werden beide von Ovid in dieser Elegie energisch zu einem solchen Verhalten gedrängt. Denn der *poeta* fordert hier den *vir* einer Frau, in die er sich kürzlich verliebt hat, zur Teilnahme an einem frivolen Spiel auf: Der Mann soll nach Kräften verhindern, daß Ovid ihm Hörner aufsetzt, weil zu leicht errungene erotische Erfolge für den *poeta* ohne Reiz sind. Und an die neue *puella* ergeht analog dazu der Appell, sie solle Ovid häufig hinhalten, indem sie oft zu seinen Bitten nein sagt und ihn auf der Schwelle vor ihrer Tür lange Stunden der Kälte in frostiger Nacht erleiden läßt. Im Vergleich mit dem für die erotische Elegie geltenden Code klingt das so absurd, daß der *poeta* dem Abschied von der Gattung doch wieder nähergerückt scheint. Er wird freilich erst in der letzten Elegie des dritten Buches in ein anderes Genre überwechseln.

5.3 Das dritte Buch

Nachdem Ovid sich, wie er in Elegie 2.18 berichtet, von Amor und der *puella* an der Abfassung einer Tragödie hatte hindern lassen, versucht in einer Szene, die in dem Programmgedicht zu Buch 3 dargestellt ist, Frau *Tragoedia* höchstpersönlich, den *poeta* für sich zu gewinnen. Dieser befindet sich, als die personifizierte Tragödie an ihn herantritt, gerade in einem heiligen Hain und überlegt, welches Werk seine Muse in Angriff nehmen soll. Da aber auch die personifizierte Elegie erscheint und ebenso wie die Tragödie um die Gunst Ovids wirbt, sieht der über die Wahl einer poetischen Gattung nachdenkende *poeta* sich in die Situation des Herkules am Scheidewege versetzt. Nachdem beide Frauen mit je einer langen Rede um seine Gunst geworben haben, bittet Ovid die Tragödie, ihm noch ein wenig Zeit für das Schreiben von Elegien zu gewähren, bevor er zu ihr überwechselt. Das Gedicht beginnt so (1–4):

> *Stat vetus et multos incaedua silva per annos;*
>   *credibile est illi numen inesse loco.*
> *fons sacer in medio speluncaque pumice pendens,*
>   *et latere ex omni dulce queruntur aves.*

Es steht da ein Wald, alt und viele Jahre unbehauen; es ist glaubhaft, daß diesem Ort eine Gottheit innewohnt. Eine heilige Quelle ist mitten darin und eine Höhle mit hangendem Tropfstein, und von allen Seiten klagen lieblich die Vögel.

Das dritte Buch der *Amores* beginnt also in der Art, wie eine Erzählung in Ovids *Fasti* einsetzen könnte. Wie ich bereits erwähnte, enthält das Buch dann auch zwei solche Erzählungen: den Mythos von Rhea Silvia und dem Flußgott Anio in 3.6 und den Mythos von der Liebe der Ceres zu Jasius in 3.10. Auch dadurch, daß Elegie und Tragödie in 3.1 wie Göttinnen auftreten, fühlt man sich an die *Fasti* erinnert, und zwar an Szenen, in denen Ovid in der Rolle des Kalenderkommentators sich von Gottheiten fachlich belehren läßt. Es ist charakteristisch für das ganze dritte Buch der Gedichtsammlung Ovids, daß der Elegiker die ihm von der *Amores*-Dichtung gesteckten Grenzen überschreitet und dabei besonders dem anschaulichen Schildern breiten Raum gibt. Gleich bei der ersten erotischen Elegie des Buches, Gedicht 3.2, handelt es sich um ein Musterbeispiel Ovidischer Darstellungskunst. Zwar ist es keine Erzählung, sondern eine Werberede des *poeta*, aus der wir erfahren, wie er im Zirkus bei einem Wagenrennen eine *puella* zu erobern versucht, aber die Szene wird uns so eindringlich vor Augen geführt, daß wir den Ablauf des Geschehens genau nachvollziehen können. Ovid bei der Anwendung seiner Verführungsstrategien, dann die *pompa*, die dem Wagenrennen vorausgeht, und schließlich das Rennen selbst – all das steht uns so deutlich vor Augen, als säßen wir selbst im Zirkus.

Wieder einmal bemüht sich Ovid, die Gunst einer neuen Frau zu erlangen, aber es bleibt am Ende des Gedichts offen, ob sein Werben zum gewünschten Ziel geführt hat. Im ganzen Buch findet sich keine einzige Elegie, aus der hervorgeht, daß der *poeta* auch nur einmal in der Liebe Erfolg hatte, während von Versagen und Enttäuschung ständig die Rede ist. Dem entspricht, daß die *puella*, die wir wohl immer noch mit Corinna identifizieren dürfen – Elegie 3.12 setzt voraus, daß Ovid sie nach wie vor liebt –, den *poeta* jetzt offensichtlich nur noch betrügt. In Gedicht 3.3 macht er seiner Empörung darüber Luft, daß die sonst zum Strafen so schnell bereiten Götter die *puella* für einen Meineid nicht büßen ließen und überhaupt gegenüber treulosen Frauen von unbegreiflicher Nachsicht seien. Wenn Ovid dann in 3.4 wieder von einer anderen Frau spricht, sieht das erneut nach einem „Gegenschlag" aus. Aber das Gedicht läßt nicht erkennen, ob der *poeta* bei dieser *puella* sein Glück gefunden hat oder noch finden wird. Das Thema von 3.4 ist lediglich eine Art Umkehrung des Themas der Elegie 2.19, der auch nichts über Ovids bisherigen oder zu erwartenden Erfolg als *amator* zu entnehmen war. In 2.19 hatte der *poeta* seinen Rivalen gebeten, die von beiden geliebte Frau besser zu bewachen, da der Reiz eines gegen Widerstände herbeigeführten Rendezvous größer sei, als wenn der Weg dahin allzu leicht gemacht wurde. Jetzt bezeichnet der *poeta* in einer Rede, die wieder an einen *vir* gerichtet ist, eine strenge Abschirmung der *puella* dieses Mannes als weder möglich noch nutzbringend, da auch auf der weiblichen Seite mit dem heftigen Verlangen nach verbotenen Früchten zu rechnen sei. Dieser Gedanke wird wieder auf sehr witzige Weise entfaltet, aber die Rede charakterisiert den Sprecher auch wieder als Mann der großen Worte. Was er von der Liebe noch zu erwarten hat, erfährt er, wie er in 3.5 erzählt, von einem Traumdeuter, nachdem er im Traum gesehen hat, wie eine sehr schöne Kuh sich weg von ihrem Stier zu anderen Stieren begab: Das bedeute, erklärt ihm der *imaginis augur*, daß seine *domina* ihn frierend auf einsamem Lager zurücklassen werde.

Die Elegie 3.5 wird von der Mehrzahl der Ovid-Forscher für unecht gehalten, aber sicherlich zu Unrecht. Als Allegorie erinnert die Traumerzählung an die Szene mit der Elegie und der Tragödie in 3.1, die sich wie die Szene mit der Kuh und dem Stier an einem *locus amoenus* mit Wald, Wasser und Vögeln abspielt. Außerdem fällt auf, daß der Anfang von Elegie 5 in Buch 3 den Anfang von Elegie 5 in Buch 1 geradezu zitiert: Dort steht *Aestus erat* („Es war heiß"), hier *Nox erat* („Es war Nacht"). Vergleicht man weitere einander zahlenmäßig entsprechende Gedichte in den beiden Büchern, dann stellt man u.a. Folgendes fest: Wie 1.5, in dem Ovid berichtet, daß er, mittags ausruhend, etwas Traumhaftes erlebte, folgt 3.5 auf eine Elegie, in der es um einen Rivalen des *poeta* geht; in 3.6 wie in 1.6 trennt ihn ein Hindernis von der *puella* – hier der Gießbach, dort ihre Haustür –, und in 3.7 wie in 1.7 macht er einem Körperteil Vorwürfe: hier seinem Penis, weil dieser ihm den Dienst versagte (3.7.69: *pars pessima nostri* – „du schlechtestes Stück von mir"), dort seinen Händen, weil sie die *puella* schlugen (1.7.27: *caedis scelerumque ministrae* – „ihr Helferinnen bei Mord und Verbrechen"). 3.5 nimmt also einen festen Platz in der Elegiensequenz 3.4–7 ein. Das Gedicht hat geradezu programmatische Funktion. Denn zum einen bietet die „Liebesgeschichte", die die *Amores* erzählen, jetzt endgültig keine Episode mehr, in der Ovid als erfolgreicher *amator* auftritt, zum anderen finden sich in sechs von den noch folgenden zehn Gedichten des dritten Buches Abschnitte, die wie die

Traumerzählung in 3.5 inhaltlich und darstellungstechnisch den Rahmen des Gattungstyps *Amores*-Dichtung sprengen. Es sind außer den bereits genannten mythischen Erzählungen in 3.6 (45–84) und 3.10 (25–42) ein Katalog verliebter Flußgötter in 3.6 (23–44), ein kultur- und zeitkritischer Exkurs in 3.8 (35–56), die Klage über Tibulls Tod in 3.9, ein Katalog mythischer Verwandlungen in 3.12 (21–40) und die Beschreibung des Junofestes in 3.13 (7–36). Der Leser wird also auf den Abschied des *poeta* von der Gattung sowohl durch dessen Berichte über seine negativen Erfahrungen in der Liebe als auch dadurch eingestimmt, daß Ovid immer wieder Themen anspricht, die mit seiner *Amores*-Dichtung nur noch indirekt zu tun haben.

Verfolgen wir nun die „Liebesgeschichte" weiter! Nachdem Ovid erzählt hat, wie der Traumdeuter ihm prophezeite, die *puella* werde ihn verlassen (3.5), und wie der über die Ufer gegangene Gießbach ihm den Weg zur *puella* versperrt hat (3.6), kommt er mit Gedicht 3.7 zu einem besonders peinlichen Ereignis in seiner „Karriere" als elegischer *amator*: Er war impotent, und das auch noch bei einer Frau, die mit Corinna nicht identisch ist (vgl. 25f.). 3.7 ist als ein Produkt der Erzählkunst Ovids, die er, wie gesagt, in Buch 3 besonders häufig zur Geltung bringt, sehr bemerkenswert. Denn der chronologische Ablauf der Klage des *poeta* über sein Versagen ist mit der Chronologie seiner Erinnerungen an die einzelnen Vorgänge bei dem erfolglosen Liebesspiel mit der *puella* verschränkt. Wir lesen also nicht einfach einen reflektierenden Monolog, sondern erleben „szenisch" Schritt für Schritt das Ereignis, das die Klage auslöste, sozusagen in der Rückblende: das erste Auftreten der Impotenz (3–6), die vergeblichen Hilfeleistungen der *puella* (7–16; 47f.; 55–60), die sexuellen Phantasien, mit denen Ovid sich selbst vergeblich zu stimulieren versuchte (63–66), und den Abbruch des für ihn und die Frau peinlichen Schauspiels (75–84), nachdem die Frau ein Heilmittel versucht hat, von dem zu sprechen in der Gattung Elegie gerade noch gestattet ist: die Berührung des Penis des Impotenten mit der

Hand (das Thema *fellatio* ist den Gattungen Jambus und Epigramm vorbehalten). Aber auch während des Monologs erleben wir den Fortgang von Handlung. Plötzlich erhebt sich nämlich, wie Goethe es in seinem von 3.7 beeinflußten Gedicht *Das Tagebuch* formuliert, „Meister Iste ... zu allen seinen Prachten" und wird, weil dies zur Unzeit geschieht, heftig beschimpft (69–72).

Wir beobachten den *poeta/amator* also in einer für ihn zutiefst demütigenden Situation, und das gilt in gleichem Maße für eine Erfahrung, die er der Elegie 3.8 zufolge machte: Er mußte vor der verschlossenen Tür der *puella* stehen, während sie in den Armen eines neureichen Ritters lag, der zu seinem Geld und seinem sozialen Rang durch Blutvergießen im Krieg gekommen war (9–22). Die *puella* betrügt Ovid also aus *avaritia*, und da paßt es gut, daß Tibull, bei dem dieses Motiv eine wichtige Rolle spielt, im Zentrum der nachfolgenden Elegie steht, in der Ovid über den Tod des Dichterkollegen klagt (3.9). Wie bereits erwähnt, trägt das Gedicht wesentlich dazu bei, den Leser auf Ovids Abschied von der elegischen Liebe und Liebesdichtung vorzubereiten (s. S. 123). Abschied ist, wie man zunächst glaubt, bereits das Thema von Gedicht 3.11. Nachdem Ovid in 3.10 darüber geklagt hat, daß die *puella* sich während des Festes der Ceres von Erotik ganz fernhalten mußte, erklärt er zu Beginn von 3.11 dezidiert seine Bereitschaft zur Beendigung des *servitium amoris*. Doch schon ab Vers 33 erfolgt ein Widerruf. Viele Forscher zerlegen deshalb dieses Gedicht wie 2.9 in zwei Teile, aber hier besteht noch weniger Grund dazu als im Falle der inhaltlich und strukturell verwandten Elegie, in der Ovid dem Liebesgott erst den Dienst aufkündigt, sich ihm dann aber wieder unterwirft (s. S. 124). In 3.11 begründet Ovid seinen Entschluß, sich von der *puella* loszusagen, mit den *vitia* (Lastern) der Frau, und indem er aus dem Gedächtnis rekonstruiert, welche Leiden ihm diese *vitia* eingebracht haben, gibt er zu erkennen, daß ihm die Erinnerung gleichzeitig qualvoll und angenehm ist. Denn er schwelgt förmlich in den Bildern aus der Geschichte einer

„klassischen" elegischen Liebesbeziehung, in der er, auch wenn er sich den hier gültigen Spielregeln unterordnen mußte, dennoch als der männliche „Held" fungierte. Das wird besonders deutlich, wenn er in diesem Zusammenhang das Exemplarische seiner Erfahrungen mit der *puella* hervorhebt (17–20):

> *quando ego non fixus lateri patienter adhaesi,*
> *ipse tuus custos, ipse vir, ipse comes?*
> *scilicet et populo per me comitata placebas:*
> *causa fuit multis noster amoris amor.*

Wann war ich nicht voller Geduld engstens an deiner Seite, persönlich dein Hüter, persönlich dein Mann, persönlich dein Begleiter? Ja natürlich – auch den Leuten gefielst du in meiner Begleitung; für viele wurde Anlaß zur Liebe unsere Liebe.

Bei den Anreden an die *puella* ist diese nicht als anwesend zu denken, da das Gedicht offensichtlich als Monolog beginnt und der Sprecher nur an besonders emphatischen Stellen zur Apostrophe übergeht. Solange er sich dabei negative Erfahrungen mit der Frau vergegenwärtigt, kann er seinen Entschluß zur Trennung von ihr noch ohne Schwierigkeiten aufrechterhalten. Aber dann sagt er plötzlich (31 f.):

> *desine blanditias et verba potentia quondam*
> *perdere: non ego sum stultus, ut ante fui.*

Hör auf, Liebesgeflüster und Worte, die einst Macht über mich hatten, zu verschwenden: Ich bin nicht mehr töricht wie früher.

Damit sind die positiven Erfahrungen angesprochen, und so ergibt es sich psychologisch ganz schlüssig, daß Ovid schwankend wird und wie Catull in dem berühmten *carmen* 85 seinem Zwiespalt zwischen *amor* und *odium* Ausdruck verleiht. Da Gegenstand des *amor* vor allem die Schönheit der *puella* ist, drängt sich ihm auch diese in die Erinnerung, und die Bereitschaft zum Abschiednehmen ist dahin.

Etwa in der Mitte des Gedichts sagt Ovid zu der *puella*: „Such dir einen anderen" (28: *quaere alium*). Der auf 3.11 folgenden Elegie ist zu entnehmen, daß es längst viele andere gibt, ohne daß Corinna sie zu suchen brauchte. Ovid selbst hat ihr diese Männer, wie er jetzt, sich selbst anklagend, feststellt, als „Zuhälter" zugeführt, indem er in seinen Elegien ihre Schönheit pries (1–18). Er hat also zahlreiche männliche Leser dazu gebracht, als seine Rivalen aufzutreten. Ovid äußert sich hier wie Catull in *c.* 16 (s. S. 13) zu Reaktionen seiner Rezipienten. Wie der ältere Dichter bleibt er dabei im Rahmen der Fiktion seiner „Liebesgeschichte", so daß davon auszugehen ist (wie auch bei Catull), daß der reale Autor den *reader response* inszeniert hat, also nicht etwa einen Wirklichkeitsbezug herstellt. Denn es geht ihm nicht etwa darum, Stellung zu nehmen, sondern die „Rezeption" für eine poetologische Aussage zu instrumentalisieren. Diese Aussage ergibt sich aus dem Argumentationsgang in der zweiten Hälfte der Elegie 3.12 (19–44). Ovid erinnert hier daran, daß es doch normalerweise unglaubwürdig sei, was die Dichter erzählen, und verweist auf eine Reihe von Verwandlungsmythen, deren Fiktionalität ohne weiteres erkennbar ist. Wenn er nun folgert, man hätte doch eigentlich meinen müssen, er habe seine *femina* fälschlich gepriesen, will er offenbar zum Ausdruck bringen, daß er seine „Heldin" eben im Gegensatz zu den Figuren in den Verwandlungsmythen besonders lebensecht dargestellt habe. Und das sollen die Leser als besondere künstlerische Leistung werten, da die Gattung Elegie sehr eng verwandt ist mit der Komödie, für die es antiker rhetorischer Theorie zufolge typisch ist, daß sie eine realitätsnahe Welt fingiert (vgl. z. B. *Rhet. ad Herenn.* 1.13: *ficta res, quae tamen fieri potuit* - „eine erfundene Handlung, die gleichwohl hätte geschehen können"). Elegie 3.12 ist also als poetisches Selbstlob zu verstehen, aber das ist nur zu berechtigt: Das außerordentliche Talent Ovids zur realistischen Porträtierung von Menschen ist wohl der Hauptgrund dafür, daß dieser Dichter heute einer der beliebtesten Autoren der griechisch-römischen Literatur ist.

Auf der Ebene der „Liebesgeschichte", die die *Amores* erzählen, leistet die Elegie 3.12 mit ihrem Verweis darauf, daß

Ovid Corinna jetzt mit vielen anderen Männern teilen muß, einen wichtigen Beitrag zur Einstimmung des Lesers auf das Ende der Elegiensammlung. Das gilt ebenso für 3.13, wo Ovid von einem Besuch mit seiner *coniunx* beim Junofest in deren Heimat im Faliskerland erzählt. Ob diese Frau seine Gattin oder eine neue *puella* ist, läßt der Text nicht eindeutig erkennen. Aber sie ist offensichtlich nicht mit Corinna identisch, und die Tatsache, daß die Römer in Juno die Schützerin der Ehe sahen, stellt die Elegie 3.13 in eindeutigen Gegensatz zur Welt der Elegie mit ihrem Ideal der freien Bindung des *poeta/amator* an seine *puella*. Auch das „Ethos" von Elegie 3.14, dem letzten der erotischen Gedichte in den *Amores*, schafft einen so scharfen Kontrast zum elegischen „Wertekodex", daß der Abschied Ovids von der Gattung unvermeidlich erscheint. Im vollen Bewußtsein dessen, daß die *puella* ihn ständig betrügt, bittet er sie hier, ihm ihre Treulosigkeit und all das, was sie bei ihren Seitensprüngen treibt, zu verheimlichen. Wie in Elegie 1.4, dem ersten Gedicht der Sammlung, in dem Ovid sich damit konfrontiert sieht, daß die *puella* auch Beziehungen zu anderen Männern unterhält, versucht der *poeta* in 3.14, sich mit ihr diesbezüglich zu arrangieren. Doch schon die Anweisungen, die er ihr „damals" gab, erfüllten nicht ihren Zweck, weil die *puella* sie nur zum Nachteil Ovids befolgte. Der neue „Liebespakt" kann aber im Rahmen der elegischen Welt erst recht nicht funktionieren, da er voraussetzt, daß der *poeta/amator* jetzt überhaupt nicht mehr weiß, was die *puella* außerhalb der Beziehung zu ihm treibt, und deshalb weder zu Äußerungen des Liebesglücks noch zu elegischer Klage Anlaß bekommt. Das neue Arrangement sperrt die *puella* also gewissermaßen aus der elegischen Welt ihres Verehrers aus, so daß diese Welt nicht mehr existieren kann, zumindest nicht in der bisherigen Form.

Elegie 3.14 vermittelt auch insofern „the sense of an ending", als Ovid ausgerechnet hier, im vorletzten Gedicht, etwas beschreibt, was er in Elegie 1.5 zu beschreiben vermied hatte: einen Koitus. In 1.5 wäre es durchaus angebracht gewesen, denn er erzählte dort von einer Siesta, bei der Corinna zu ihm kam. Hier dagegen ergibt sich die Bereitschaft, eine Bettszene zu schildern, ausgerechnet daraus, daß Ovid zu der *puella* sagt, sie könne unter der Bedingung, daß sie ihm alles verschweigt, ihre Abenteuer mit einem anderen Mann im Bett hemmungslos ausleben (21–26):

> *illic nec tunicam tibi sit posuisse pudori*
>   *nec femori impositum sustinuisse femur;*
> *illic purpureis condatur lingua labellis,*
>   *inque modos venerem mille figuret amor;*
> *illic nec voces nec verba iuvantia cessent,*
>   *spondaque lasciva mobilitate tremat.*

Dort soll es weder Scham in dir wecken, die Tunika abzulegen, noch Schenkel auf Schenkel gepreßt zu halten; dort soll in purpurnen Lippen die Zunge sich bergen und auf tausend Arten die Liebeslust zum Ausdruck kommen; dort soll es weder an Lauten noch an helfenden Worten fehlen, und das Bettgestell soll von den wollüstigen Bewegungen erzittern.

Hatte Ovid sich schon in 3.7 mit seiner Erwähnung des manuellen „Heilmittels" der *puella* in die Nähe der Gattungsgrenze begeben (s. S. 134f.), so ist er hier bereits im Begriff, diese Grenze in Richtung auf einen dem Jambus und dem Epigramm vorbehaltenen Bereich zu überschreiten. Auch unter diesem Aspekt erscheint es nur konsequent, daß Ovid gleich am Anfang der poetologischen Elegie 3.15 Venus und damit der Elegie den Abschied erklärt. „Such dir einen neuen Dichter" (1: *quaere novum vatem*), sagt er in deutlicher Anspielung auf 3.11.28, wo er die *puella* aufforderte: „Such dir einen anderen". Es bleibt freilich offen, ob er sich auch von ihr verabschiedet. Aber er hatte sich ja zu Beginn der Elegiensammlung nur als *poeta* vorgestellt und den *amator* dann lediglich gemimt. Also kann er sich jetzt, wo er zum Verfassen einer Tragödie übergeht, damit begnügen, den *imbelles elegi* („friedlichen Elegien") Lebewohl zu sagen.

Die in den achtziger Jahren des 20. Jahrhunderts einsetzende Ovid-Renaissance kam der modernen Erforschung aller Werke des Dichters, sogar des *Ibis*, zugute. Die *Amores* profitierten bisher zu wenig von diesem „Boom". Aber jetzt liegt mit dem Buch von BRETZIGHEIMER (2000) eine so glänzende und umfassende Gesamtdarstellung vor, daß Hoffnung auf eine kräftige Belebung der Studien zu Ovids Erstlingswerk besteht. Über die ältere Forschung informiert am besten BARSBY (1978), und eine umfassende Bibliographie mit genauem Nachweis der Literatur zu den einzelnen Gedichten bietet HOLZBERG (1999, 183–196). Als textkritische Ausgabe empfehle ich KENNEY (1961). Kommentare gibt es bisher nur zu Buch 1 und 2: MCKEOWN (1987/89/98) zu beiden Büchern, BARSBY (1973) zu Buch 1 und BOOTH (1991) zu Buch 2. Deutsche Übersetzungen neben dem Text findet man bei LENZ (^{3}1976), ALBRECHT (1997) und HOLZBERG (1999). Zur Sprache des Dichters verweise ich auf BOOTH (1981) und ALBRECHT (1998) sowie die Konkordanzen von DEFERRARI/BARRY/MCGUIRE (1939) und PURNELLE (1990). An Gesamtdarstellungen nenne ich neben BRETZIGHEIMER (2000) die kürzeren Übersichten von DUQUESNAY (1973) und HOLZBERG (^{2}1998, 55–77). Lesenswert zu Einzelaspekten der Gesamtinterpretation sind: LÖRCHER (1975), LABATE (1977), MORGAN (1977), DAVIS (1981), LABATE (1984), DAVIS (1989), KEUL (1989), GAULY (1990), ZIMMERMANN (1994), KEITH (1994/95), TARRANT (1995), BOYD (1997) und WEINLICH (1999). Nützliche Einzelinterpretationen bieten mehrere Arbeiten. Zum Epigramm: BARCHIESI (1988, 101–103), HOLZBERG (1997, 10–14); zu 1.1: KEITH (1992); 1.2: ATHANNASAKI (1992); 1.3: WOYTEK (1995); 1.5: NICOLL (1977), PAPANGHELIS (1989); 1.7: MORRISON (1992); 1.8: MYERS (1996); 1.14: ZETZEL (1996); 2.6: MYERS (1990); 2.9: DAMON (1990); 2.13/14: GAMEL (1989); 2.19: LATEINER (1978); 3.1: WYKE (1989c); 3.2: DAVIS (1979); 3.5: SEMMLINGER (1988); 3.7: SHARROCK (1995); 3.9: REED (1997); 3.11: KEUL (1989).

BIBLIOGRAPHIE

Adams, J. N. (1982): The Latin Sexual Vocabulary, London.

Albrecht, M. v. (1997): Ovid: Amores. Liebesgedichte. Lateinisch/ Deutsch. Übersetzt und hrsg., Stuttgart (Universal-Bibliothek 1361).

– (1998): Umgangssprachliche Elemente in Ovids *Amores*, in: M. Baumbach u. a. (Hrsg.), Mousopolos Stephanos. Festschrift für H. Görgemanns, Heidelberg (Bibliothek der klassischen Altertumswissenschaften N. F. 2, 102), 20–42.

Anderson, R. D./P. J. Parsons/R. G. M. Nisbet (1979): Elegiacs by Gallus from Qaṣr Ibrîm, JRS 69, 125–155.

Anderson, W. S. (1964): *Hercules exclusus*: Propertius, IV, 9, AJPh 85, 1–12.

Athanassaki, L. (1992): The Triumph of Love and Elegy in Ovid's Amores 1, 2, MD 28, 125–141.

Axelson, B. (1960): Lygdamus und Ovid. Zur Methodik der literarischen Prioritätsbestimmung, Eranos 58, 92–111.

Ball, R. J. (1983): Tibullus the Elegist: A Critical Survey, Göttingen (Hypomnemata 77).

Barber, E. A. (^{2}1960): Sexti Properti carmina, Oxford.

Barchiesi, A. (1981): Notizie sul „nuovo Gallo", A&R n. s. 26, 153–166.

– (1988 [1997]): Ovid the Censor, AJAH 13, 96–105.

Barsby, J. (1973): Ovid: Amores I. Ed. with Translation & Running Commentary, Oxford.

– (1978): Ovid, Oxford (Greece & Rome: New Surveys in the Classics 12).

Binder, G./U. Hamm (1998): Die 'Locke der Berenike' und der Ursprung der römischen Liebeselegie, in: A. E. Radke (Hrsg.): Candide Iudex. Beiträge zur augusteischen Dichtung für W. Wimmel zum 75. Geburtstag, Stuttgart, 15–34.

Blänsdorf, J. (1987): Der Gallus-Papyrus – eine Fälschung?, ZPE 67, 43–50.

Boldrer, F. (1999): L'elegia di Vertumno (Properzio 4.2). Introduzione, testo critico, traduzione e commento, Amsterdam (Supplementi di Lexis 4).

Booth, J. (1981): Aspects of Ovid's Language, ANRW II 31.4, 2686–2700.

- (1991): Ovid: The Second Book of *Amores*. Edited with Translation and Commentary, Warminster (²1999).
- (1996): Tibullus 1.8 and 9: A Tale in Two Poems?, MH 53, 232–247.
- (1999): Catullus to Ovid: Reading Latin Love Elegy. A Literary Commentary with Latin Text, London.

Bowie, E. L. (1986): Early Greek Elegy, Symposium and Public Festival, JHS 106, 13–35.

Boyd, B. Weiden (1997): Ovid's Literary Loves: Influence and Innovation in the *Amores*, Ann Arbor.

Bramble, J. C. (1973): Critical Appreciations: Propertius iii. 10, G&R 20, 155–161.

Bretzigheimer, G. (2000): Ovids *Amores*. Poetik in der Erotik, Tübingen (Classica Monacensia 22).

Bright, D. F. (1978): Haec mihi fingebam: Tibullus in His World, Leiden.

- (1984): The Role of Odysseus in the *Panegyricus Messallae*, QUCC 46, 143–154.

Brunhölzl, F. (1984): Der sogenannte Galluspapyrus von Kasr Ibrim, CodMan 10, 33–37.

Burck, E. (1952): Römische Wesenszüge der augusteischen Liebeselegie, Hermes 80, 163–200; auch in: Vom Menschenbild in der römischen Literatur, Heidelberg 1966, 192–221.

Butler, H. E./E. A. Barber (1933): The Elegies of Propertius. Edited with an Introduction and Commentary, Oxford.

Butrica, J. L. (1984): The Manuscript Tradition of Propertius, Toronto usw. (Phoenix Suppl. 17).

- (1996a): The *Amores* of Propertius: Unity and Structure in Books 2–4, ICS 21, 87–158.
- (1996b): Hellenistic Erotic Elegy: The Evidence of the Papyri, Papers of the Leeds International Latin Seminar 9, 297–322.
- (1996c): Two Two-Part Poems in Propertius Book 1 (1.8; 1.11 and 12), Papers of the Leeds International Seminar 9, 83–91.
- (1997): Editing Propertius, CQ n. s. 47, 176–208.

Cairns, F. (1979): Tibullus: A Hellenistic Poet at Rome, Cambridge.

Cameron, A. (1995): Callimachus and His Critics, Princeton, N. J.

Camps, W. A. (1961–1965): Propertius: Elegies, 4 Bde., Cambridge.

– (1991): A Note on the Structure of the Pieces Numbered 1–25 in Propertius Book 2, PCPhS n. s. 37, 22–29.

Citroni, M. (1995): Poesia e lettori in Roma antica. Forme della comunicazione letteraria, Bari.

Cloud, D. (1993): Roman Poetry and Anti-Militarism, in: J. Rich/G. Shipley (Hrsg.), War and Society in the Roman World, London usw., 118–138.

Commager, S. (1974): A Prolegomenon to Propertius, Norman.

Conte, G. B. (1986): The Rhetoric of Imitation: Genre and Poetic Memory in Virgil and Other Latin Poets, Ithaca usw.

– (2000): A Humorous *recusatio*: On Propertius 3.5, CQ n. s. 50, 307–310.

Copley, F. O. (1947): *Servitium amoris* in the Roman Elegists, TAPhA 78, 285–300.

– (1956): Exclusus Amator: A Study in Latin Love Poetry, New York (Nachdr. Chico 1981).

Crowther, N. B. (1983): C. Cornelius Gallus. His Importance in the Development of Roman Poetry, ANRW II 30.3, 1622–1648.

Damon, C. (1990): Poem Division, Paired Poems, and *Amores* 2.9 and 3.11, TAPhA 120, 269–290.

Davis, J. T. (1979): Dramatic and Comic Devices in Amores 3, 2, Hermes 107, 51–69.

– (1981): *Risit Amor*: Aspects of Literary Burlesque in Ovid's 'Amores', ANRW II 31.4, 2460–2506.

– (1989): Fictus Adulter: Poet as Actor in the *Amores*, Amsterdam.

Day, A. A. (1938): The Origins of Latin Love-Elegy, Oxford (Nachdr. Hildesheim 1972).

DeBrohun, J. B. (1994): Redressing Elegy's *puella*: Propertius IV and the Rhetoric of Fashion, JRS 84, 41–63.

Dee, J. H. (1974a): Arethusa to Lycotas: Propertius 4.3, TAPhA 104, 81–96.

– (1974b): Propertius 4.2: Callimachus Romanus at Work, AJPh 95, 43–55.

Deferrari, R. J./I. Barry/R. P. McGuire (1939): A Concordance of Ovid, Washington (Nachdr. Hildesheim 1988).

Dettmer, H. (1983): The 'Corpus Tibullianum' (1974–1980), ANRW II 30.3, 1962–1975.

Dimundo, R. (1990): Properzio 4, 7: Dalle variante di un modello letterario alla costante di una unità tematica, Bari (Scrinia 1).

Dissen, L. (1835): Albii Tibulli carmina ex recensione C. Lachmanni passim mutata explicuit –, 2 Bde., Göttingen.

DuQuesnay, I. M. Le M. (1973): The *Amores*, in: J. W. Binns (Hrsg.), Ovid, London usw. (Greek and Latin Studies. Classical Literature and Its Influence), 1–48.

– (1992): *In memoriam Galli*: Propertius 1.21, in: T. Woodman/J. Powell (Hrsg.), Author and Audience in Latin Literature, Cambridge, 52–83.

Eckert, V. (1985): Untersuchungen zur Einheit von Properz I, Heidelberg.

Edwards, C. (1993): The Politics of Immorality in Ancient Rome, Cambridge.

Enk, P. J. (1946–1963): Sex. Propertii elegiarum lib. I–II, 2 Bde., Lugduni Batavorum.

Falkner, T. M. (1977): Myth, Setting, and Immortality in Propertius 3.18, CJ 73, 11–18.

Fantham, E. (1996): Roman Literary Culture: From Cicero to Apuleius, Baltimore; deutsche Übersetzung: Literarisches Leben im antiken Rom. Sozialgeschichte der römischen Literatur von Cicero bis Apuleius, Stuttgart usw. 1998.

Fear, T. (2000; Hrsg.): *Fallax Opus*: Approaches to Reading Roman Elegy, Arethusa 33.2.

Fedeli, P. (1965): Properzio: Elegie. Libro IV. Testo critico e commento, Bari.

– (1980): Sesto Properzio: Il primo libro delle elegie. Introd., testo crit. e comm., Firenze.

– (1983): '*Propertii monobiblos*': struttura e motivi, ANRW II 30.3, 1858–1922.

– (1984): Sexti Properti elegiarum libri IV, Stutgardiae (Bibliotheca Teubneriana).

– (1985): Properzio: Il libro terzo delle elegie. Introduzione, testo e commento, Bari.

– /P. Pinotti (1985): Bibliografia properziana (1946–1983), Assisi.

Feeney, D. (1992): 'Shall I Compare Thee…?' Catullus 68B and the Limits of Analogy, in: T. Woodman/J. Powell (Hrsg.), Author and Audience in Latin Literature, Cambridge, 33–44.

Feichtinger, B. (1989): Poetische Fiktion bei Properz, GB 16, 143–182.

Fisher, J. M. (1983): The Life and Work of Tibullus, ANRW II 30.3, 1924–1961.

Flaschenriem, B. (1999): Sulpicia and the Rhetoric of Disclosure, CPh 94, 36–54.

Fredericks, S. C. (1976): A Poetic Experiment in the Garland of Sulpicia (*Corpus Tibullianum*, 3, 10), Latomus 35, 761–782.

Fruhstorfer, M. (1986): *Fores perfringere* – eine Metapher in der erotischen Dichtung?, RhM 129, 54–56.

Gaertner, J. F. (2000): [Tib.] 8 and Ovid's *Fasti*, Mnemosyne 53, 88–89.

Gale, M. R. (1997): Propertius 2.7: *militia amoris* and the Ironies of Elegy, JRS 87, 77–91.

Galinsky, K. (1996): Augustan Culture: An Interpretive Introduction, Princeton.

Gall, D. (1999): Zur Technik von Anspielung und Zitat in der römischen Dichtung. Vergil, Gallus und die *Ciris*, München (Zetemata 100).

Gamel, M.-K. (1989): *Non sine caede*: Abortion Politics and Poetics in Ovid's *Amores*, Helios 16, 183–206.

Gauly, B. M. (1990): Liebeserfahrungen. Zur Rolle des elegischen Ich in Ovids Amores, Frankfurt a. M. usw. (Studien zur klassischen Philologie 48).

Glock, A. (1999): Funktionen von Aitiologie: Properz 4, 2, in: C. Batsch/U. Egelhaaf-Gaiser/R. Stepper (Hrsg.), Zwischen Krise und Alltag. Antike Religionen im Mittelmeerraum, Stuttgart, 197–219.

Goold, G. P. (1990): Propertius: Elegies. Edited and Translated, Cambridge, Mass. usw. (Loeb Classical Library).

Graf, F. (1982): Die Gallus-Verse von Qaṣr Ibrîm, Gymnasium 89, 21–36.

Gruber, J. C. (1987): The Relationship of Love and Death: Metaphor as Unifying Device in the *Elegies* of Propertius, Diss. Ohio State Univ.

Günther, H.-C. (1997a): Properz und das Selbstzitat in der augusteischen Dichtung, München (Bayer. Akad. d. Wiss. Philos.-hist. Klasse. Sitzungsberichte 1997, 2).

– (1997b): Quaestiones Propertianae, Leiden usw. (Mnemosyne Suppl. 169).

Gutzwiller, K. J. (1985): The Lover and the Lena: Propertius 4.5, Ramus 14, 105–115.

Gutzwiller, K. J. (1998): Poetic Garlands: Hellenistic Epigrams in Context, Berkeley usw.

Hallett, J. P. (1989): Women as *Same* and *Other* in Classical Roman Elite, Helios 16, 59–78.

– /M. B. Skinner (1997): Roman Sexualities, Princeton, N. J.

Hanslik, R. (1979; Hrsg.): Sex. Propertii elegiarum libri IV, Lipsiae (Bibliotheca Teubneriana).

Harrauer, H. (1971): A Bibliography to the Corpus Tibullianum, Hildesheim.

– (1973): A Bibliography to Propertius, Hildesheim.

Harrison, S. J. (1989): Augustus, the Poets, and the *spolia opima*, CQ 39, 408–414.

– (1994): Drink, Suspicion and Comedy in Propertius 1.3, PCPhS n. s. 40, 18–26.

Heyworth, S. J. (1992): Propertius 2.13, Mnemosyne 45, 45–59.

– (1995a): Dividing Poems, in: O. Pecere/M. Reeve (Hrsg.), Formative Stages of Classical Traditions: Latin Texts from Antiquity to the Renaissance, Spoleto, 117–148.

– (1995b): Propertius: Division, Transmission, and the Editor's Task, Papers of the Leeds International Seminar 8, 165–185.

Hinds, S. (1987): The Poetess and the Reader: Further Steps Towards Sulpicia, Hermathena 143, 29–46.

– (1998): Allusion and Intertext: Dynamics of Appropriation in Roman Poetry, Cambridge (Roman Literature and Its Contexts).

Hoffmann, J. (1976): Poeta und Puella. Zur Grundkonstellation der römischen Liebeselegie, Diss. Erlangen.

Holzberg, N. (1997): Playing with His Life: Ovid's 'Autobiographical' References, Lampas 30, 4–19.

– (^{2}1998): Ovid. Dichter und Werk, München.

– (1998/99): Four Poets and a Poetess or a Portrait of the Poet as a Young Man? Thoughts on Book 3 of the *Corpus Tibullianum*, CJ 94, 169–191.

– (1999): Publius Ovidius Naso: Liebesgedichte. Amores. Lateinisch-deutsch. Hrsg. und übersetzt, Düsseldorf usw. (Sammlung Tusculum).

– (2000): Lesbia, the Poet and the Two Faces of Sappho: „Womanufacture" in Catullus, PCPhS n. s. 46, 28–44.

Hooper, R. W. (1975): A Stylistic Investigation into the Third and Fourth Books of the Corpus Tibullianum, Diss. Yale Univ., New Haven, Conn.

Hose, M. (1994): Die römische Liebeselegie und die griechische Literatur (Überlegungen zu POxy 3723), Philologus 138, 67–82.

Hubbard, M. (1974): Propertius, London.

Hubbard, T. K. (1984): Art and Vision in Propertius 2.31/32, TAPhA 114, 281–297.

– (1986): Speech, Silence, and the Play of Signs in Propertius 2.18, TAPhA 116, 289–304.

Hutchinson, G. O. (1984): Propertius and the Unity of the Book, JRS 74, 99–106.

Ingenkamp, H. G. (1997): χρῆσθαι ἀσκεπτότερον ἑαυτῷ/nullo vivere consilio: Eine Lebensform und ihr Echo, AncSoc 28, 245–264.

Jacobson, H. (1976): Structure and Meaning in Propertius Book 3, ICS 1, 160–173.

Jacoby, F. (1905): Zur Entstehung der römischen Elegie, RhM 60, 38–105; auch in: Kleine Schriften, Bd. 2, Berlin 1961, 65–121.

Johnson, W. R. (1973): The Emotions of Patriotism: Propertius 4.6, CSCA 6, 151–180.

– (1997): Final Exit: Propertius 4.11, in: D. H. Roberts/F. M. Dunn/D. Fowler (Hrsg.), Classical Closure: Reading the End in Greek and Latin Literature, Princeton, 163–180.

Keith, A. M. (1992): *Amores* 1.1: Propertius and the Ovidian Programme, in: C. Deroux (Hrsg.), Studies in Latin Literature and Roman History VI, Bruxelles (Coll. Latomus 217), 327–344.

– (1994/95): *Corpus eroticum*: Elegiac Poetics and Elegiac *puellae* in Ovid's *Amores*, CW 88, 27–40.

– (1997): *Tandem venit amor*: A Roman Woman Speaks of Love, in: Hallett/Skinner (1997), 295–310.

Kennedy, D. F. (1993): The Arts of Love: Five Studies in the Discourse of Roman Love Elegy, Cambridge (Roman Literature and Its Contexts).

Kenney, E. J. (1961): P. Ovidi Nasonis Amores Medicamina faciei femineae Ars amatoria Remedia amoris, Oxford (iteratis curis edidit 1994).

Keul, M. (1989): Liebe im Widerstreit. Interpretationen zu Ovids Amores und ihrem literarischen Hintergrund, Frankfurt a. M. usw. (Europäische Hochschulschriften 15. 43).

Keyser, P. T. (1992): The Length and Scansion of Propertius II as Evidence for Book Division, Philologus 136, 81–88.

Kierdorf, W. (1994): *Cecinit* oder *Cecini*? Neue Überlegungen zum Text von Properz 3, 3, 7, Hermes 122, 368–372.

Kierdorf, W. (1995): Properzens Actium-Elegie (4, 6): Künstlerische Bewältigung einer politischen Annäherung, in: G. Binder/B. Effe (Hrsg.), Affirmation und Kritik. Zur politischen Funktion von Kunst und Literatur im Altertum, Trier (Bochumer Altertumswiss. Colloquium 20), 165–184.

King, J. (1988): Catullus' Callimachean *carmina*, cc. 65–116, CW 81, 383–392.

Knoche, U. (1956): Tibulls früheste Liebeselegie? (Tibull III 19), in: Navicula Chiloniensis. Studia philologica F. Jacoby oblata, Leiden, 173–90; auch in: W. Eisenhut (Hrsg.), Antike Lyrik, Darmstadt 1970, 340–358.

Komp, M. (1988): Absage an Cynthia. Das Liebesthema beim späten Properz, Frankfurt a. M. usw. (Europäische Hochschulschriften 15. 40).

Krevans, N. (1984): The Poet as Editor: Callimachus, Virgil, Horace, Propertius and the Development of the Poetic Book, Diss. Princeton Univ.

Labate, M. (1977): Tradizione elegiaca e società galante negli *Amores*, SCO 27, 283–339.

– (1984): L'arte di farsi amare. Modelli culturali e progetto didascalico nell'elegia ovidiana, Pisa (Biblioteca di „Materiali e discussioni per l'analisi dei testi classici" 2).

Lateiner, D. (1978): Ovid's Homage to Callimachus and Alexandrian Poetic Theory (Am. 2, 19), Hermes 106, 188–196.

Lee, G. (1958/59): The Date of Lygdamus, and His Relationship to Ovid, PCPhS n. s. 5, 15–23.

– (1963): On [Tibullus] III 19 (IV, 13), PCPhS n. s. 9, 4–10.

– (1974): *Otium cum dignitate*: Tibullus 1.1, in: T. Woodman/D. West (Hrsg.), Quality and Pleasure in Latin Poetry, Cambridge, 94–114.

– (^{3}1990): Tibullus: Elegies. Introduction, Text, Translation and Notes. Third Edition (including Book 3, Text and Translation) revised in collaboration with R. Maltby, Leeds.

Lee-Stecum, P. (1997): Powerplay in Tibullus: Reading *Elegies* Book One, Cambridge.

Lenz, F. W. (^{3}1976): Ovid: Die Liebeselegien. Lateinisch und deutsch, Berlin (Schriften und Quellen der Alten Welt 15).

– /K. Galinsky (^{3}1971): Albii Tibulli aliorumque carminum libri tres, Leiden.

Lörcher, G. (1975): Der Aufbau der drei Bücher von Ovids Amores, Amsterdam (Heuremata 3).

Lowe, N. J. (1988): Sulpicia's Syntax, CQ n. s. 38, 193–205.

Luck, G. (1961): Die römische Liebeselegie, Heidelberg (= deutsche Übersetzung von: The Latin Love Elegy, London 1959; ²1969).

- (1964): Properz und Tibull: Liebeselegien. Lateinisch und deutsch. Neu hrsg. u. übers., Zürich usw. (Bibliothek der Alten Welt); ²1996 (Sammlung Tusculum).

- (²1998): Albii Tibulli aliorumque carmina, Stutgardiae usw. (Bibliotheca Teubneriana).

Luppe, W. (2000): Die Liebeselegie P. Oxy 2885 FR. 1, 1–20 (SH 964), ZPE 131, 19–21.

Lyne, R. O. A. M. (1979): *Servitium amoris*, CQ n. s. 29, 117–130.

- (1980): The Latin Love Poets from Catullus to Horace, Oxford (²1996).

- (1998a): Introductory Poems in Propertius: 1.1 and 2.12, PCPhS 44, 158–181.

- (1998b): Propertius 2.10 and 11 and the Structure of Books '2A' and '2B', JRS 88, 21–36.

- (1998c): Propertius and Tibullus: Early Exchanges, CQ n. s. 48, 519–544.

McCarthy, K. (1998): *Servitium amoris: amor servitii*, in: S. R. Joshel/ S. Murnaghan (Hrsg.): Women and Slaves in Greco-Roman Culture: Differential Equations, London usw., 174–192.

McKeown, J. C. (1987/89/98): Ovid, Amores. Text, Prolegomena and Commentary in Four Volumes. I: Text and Prolegomena. II: A Commentary on Book One. III: A Commentary on Book Two, Leeds (Arca 20. 22. 36).

Maltby, R. (1996): Sense and Structure in Tibullus (2.2.21–2, 1.1.78, 2.1.83–90, 1.5.1–8, 1.6.5–8), Papers of the Leeds International Latin Seminar 9, 93–102.

- (1999a): Technical Language in Tibullus, Emérita 67, 231–249.

- (1999b): Tibullus and the Language of Latin Elegy, in: J. N. Adams/ R. G. Mayer (Hrsg.), Aspects of the Language of Latin Poetry, Oxford (Proceedings of the British Academy 93), 377–398.

Mastroiacovo, C. (1998): Il POxy 3723 per l'origine dell'elegia romana, RCCM 40, 215–227.

Menes, E. P. (1983): The External Evidence for the Division of Propertius, Book 2, CPh 78, 136–143.

Meyer-Zwiffelhoffer, E. (1995): Im Zeichen des Phallus: Die Ordnung des Geschlechtslebens im antiken Rom, Frankfurt a. M. usw. (Historische Studien 15).

Militerni della Morte, P. (1984–2000): Rassegna di studi tibulliani (1971–1983), BStudLat 14, 83–119; ... (1984–1999), BStudLat 30, 204–246.

Miller, J. F. (1981/82): Propertius' Tirade Against Isis (2.33a), CJ 77, 104–111.

– (1982): Callimachus and the Augustan Aetiological Elegy, ANRW II 30.1. 371–417.

– (1983): Propertius 3.2 and Horace, TAPhA 113, 289–299.

– (1986): Disclaiming Divine Inspiration: A Programmatic Pattern, WS 99, 151–164.

– (1991): Propertius' Hymn to Bacchus and Contemporary Poetry, AJPh 112, 77–86.

Miller, P. A./Platter, Chuck (1999; Hrsg.): Power, Politics, & Discourse in Augustan Elegy, CW 92.5.

Miralles Maldonado, J. C. (1990): La lengua de Sulpicia: *Corpus Tibullianum*, Habis 21, 101–120.

Mojsisch, B./H.-H. Schwarz/I. J. Tautz (1993): Sextus Propertius: Sämtliche Gedichte. Lateinisch/Deutsch. Übers. u. hrsg., Stuttgart (Universal-Bibliothek 1728).

Morel, W./K. Büchner/J. Blänsdorf (1995): Fragmenta poetarum Latinorum epicorum et lyricorum praeter Ennium et Lucilium, Stutgardiae usw. (Bibliotheca Teubneriana).

Morgan, K. (1977): Ovid's Art of Imitation: Propertius in the Amores, Leiden (Mnemosyne Suppl. 47).

Morrison, J. V. (1992): Literary Reference and Generic Transgression in Ovid, *Amores* 1.7: Lover, Poet, and *furor*, Latomus 51, 571–589.

Moßbrucker, Brigitte (1983): Tibull und Messalla. Eine Untersuchung zum Selbstverständnis des Dichters Tibull, Bonn (Habelts Dissertationsdrucke. Reihe Klassische Philologie 34).

Müller, R. (1952): Motivkatalog der römischen Elegie, Zürich.

Murgatroyd, P. (1980): Tibullus I: A Commentary on the First Book of the Elegies of Albius Tibullus, Pietermaritzburg.

– (1994): Tibullus: Elegies II. Ed. with Introduction and Commentary, Oxford.

Mutschler, F. H. (1985a): Ökonomie und Philosophie. Überlegungen zum 14. Gedicht der properzischen Monobiblos, RhM 128, 161–180.

– (1985b): Die poetische Kunst Tibulls. Struktur und Bedeutung der Bücher 1 und 2 des Corpus Tibullianum, Frankfurt a. M. usw. (Studien zur klassischen Philologie 18).

- (1996): Hercules im Hain. Überlegungen zur Properzelegie 4, 9, in: R. Faber/B. Seidensticker (Hrsg.), Worte, Bilder, Töne. Studien zur Antike und Antikerezeption. B. Kytzler zu ehren, Würzburg, 115–128.
Myers, K. S. (1990): Ovid's *tecta ars*: *Amores* 2.6 „Programmatics and the Parrot", EMC 34, 367–374.
- (1996): The Poet and the Procuress: The *lena* in Latin Love Elegy, JRS 86, 1–21.
Navarro Antolín, F. (1996): Lygdamus: Corpus Tibullianum III.1–6. Lygdami Elegiarum Liber. Edition and Commentary, Leiden usw. (Mnemosyne Suppl. 154).
Nethercut, W. R. (1975/76): Twelve Years of Propertian Scholarship: 1960–1972, CW 69, 1–33. 225–258. 289–309.
- (1983): Recent Scholarship on Propertius, ANRW II 30.3, 1813–1857.
Neumeister, C. (1986): Tibull. Einführung in sein Werk, Heidelberg (Heidelberger Studienhefte zur Altertumswissenschaft).
- (1988): Tibulls Rom-Elegie (II 5), in: Filologia e forme letterarie. Studi offerti a F. Della Corte, Bd. 3, Urbino, 157–172.
Neumeister, K. (1983): Die Überwindung der elegischen Liebe bei Properz (Buch I–III), Frankfurt a. M. usw. (Studien zur klassischen Philologie 7).
Newman, J. K. (1997): Augustan Propertius: The Recapitulation of a Genre, Hildesheim usw. (Spudasmata 63).
Nicastri, L. (1984): Cornelio Gallo e l'elegia ellenistico-romana. Studio dei nuovi frammenti, Napoli.
Nicholson, N. (1998/99): Bodies Without Names, Names Without Bodies: Propertius 1.21–22, CJ 94, 143–161.
Nicoll, W. S. M. (1977): Ovid, *Amores* I 5, Mnemosyne 30, 40–48.
Oliensis, E. (1997): The Erotics of *amicitia*: Readings in Tibullus, Propertius, and Horace, in: Hallett/Skinner (1997), 151–171.
O'Neil, E. N. (1963): A Critical Concordance of the Tibullan Corpus, Ithaca, N. Y. (American Philological Association Monographs 21).
Papanghelis, T. D. (1987): Propertius: A Hellenistic Poet on Love and Death, Cambridge.
- (1989): About the Hour of Noon: Ovid, *Amores* 1, 5, Mnemosyne 42, 54–61.
Parker, H. N. (1994): Sulpicia, the *auctor de Sulpicia*, and the authorship of 3.9 and 3.11 of the *Corpus Tibullianum*, Helios 21, 39–62.

Parsons, P. (1988): Eine neugefundene griechische Liebeselegie, MH 45, 65–74.

Peradotto, J./J. Van Sickle (1980; Hrsg.): Augustan Poetry Books, Arethusa 13.1.

Petersmann, G. (1980): Themenführung und Motiventfaltung in der Monobiblos des Properz, Graz (Grazer Beiträge Suppl. 1).

– (1983): Cornelius Gallus und der Papyrus von Qasr Ibrim, ANRW II 30.3, 1649–1655.

Phillimore, J. (1905): Index verborum Propertianus, Oxford.

Piastri, R. (1998): Il ciclo di Sulpicia (*Corpus Tibullianum* III 8–18 = IV 2–12), BStudLat 28, 105–131.

Pillinger, H. E. (1969): Some Callimachean Influences on Propertius, Book 4, HSPh 73, 171–199.

Probst, S./V. Probst (1992): Frauendichtung in Rom: Die Elegien der Sulpicia, AU 35.6, 19–36.

Puelma, M. (1982): Die Aitien des Kallimachos als Vorbild der römischen Amores-Elegie, MH 39, 221–46. 285–304.

Purnelle, G. (1990): Ovide, Amores: index verborum, listes de fréquence, relevés grammaticaux, Liège.

– (1997): Properce, Elegiae: index verborum, listes de fréquence, Hildesheim usw. (Alpha-Omega A 187).

Putnam, M. C. (1973): Tibullus: A Commentary, Norman.

Randall, J. G. (1979): Mistresses' Pseudonyms in Latin Elegy, LCM 4, 27–35.

Reed, J. D. (1997): Ovid's Elegy on Tibullus and Its Models, CPh 92, 260–269.

Reeve, M. D. (1984): Tibullus 2.6, Phoenix 38, 235–239.

Ross, D. O. (1975): Backgrounds to Augustan Poetry: Gallus, Elegy and Rome, Cambridge.

Rothstein, M. (^{2}1920–1924): Die Elegien des Sextus Propertius. Erklärt v. –, Berlin.

Rudd, N. (1982): Theme and Imagery in Propertius 2.15, CQ n. s. 32, 152–155.

Ruiz Sánchez, M. (1996): Poética y símbolo en el ciclo de Sulpicia (*corpus Tibullianum*, 3, 8–3, 12 y 3, 13–3, 18), Helmantica 47, 379–413.

Santirocco, M. S. (1979): Sulpicia Reconsidered, CJ 74, 229–239.

Schmeisser, B. (1972): A Concordance to the Elegies of Propertius, Hildesheim.

Schoonhoven, H. (1983): The Panegyricus Messallae: Date and Relation with Catalepton 9, ANRW II 30.3, 1681–1707.

Semmlinger, L. (1988): Zur Echtheit der Elegie 'De somnio' = Ovid, Amores 3, 5, in: U. Kindermann u.a. (Hrsg.), Festschrift für P. Klopsch, Göppingen, 455–475.

Sharrock, A. R. (1991): Womanufacture, JRS 81, 36–49.

– (1995): The Drooping Rose: Elegiac Failure in Amores 3.7, Ramus 24, 152–180.

Shea, C. R. (1984): The Return of Cynthia and the Structure of Propertius Book IV, Diss. Univ. of Illinois at Urbana-Champaign.

– (1988): The Vertumnus Elegy and Propertius Book IV, ICS 13, 63–71.

Silagi, G. (1999): Definitives zu Gallus, Rechtshistorisches Journal 18, 357–373.

Skinner, M. B. (1997): *Ego mulier*: The Construction of Male Sexuality in Catullus, in: Hallett/Skinner (1997), 129–150.

Skutsch, O. (1963): The Structure of the Propertian Monobiblos, CPh 58, 238–239.

Smith, K. F. (1913): The Elegies of Albius Tibullus. The Corpus Tibullianum ed. with Introduction and Notes on Books I, II, and IV, 2–14, New York (Nachdr. Darmstadt 1964).

Stahl, H.-P. (1985): Propertius: „Love" and „War": Individual and State Under Augustus, Berkeley usw.

Steidle, W. (1962): Das Motiv der Lebenswahl bei Tibull und Properz, WS 75, 100–140.

Stroh, W. (1971): Die römische Elegie als werbende Dichtung, Amsterdam.

– (1983): Die Ursprünge der römischen Liebeselegie. Ein altes Problem im Licht eines neuen Fundes, Poetica 15, 205–246.

Suits, T. A. (1976): The Iambic Character of Propertius 1.4, Philologus 120, 86–91.

Sullivan, J. P. (1976): Propertius: A Critical Introduction, Cambridge.

– (1989): Recent Structural and Post-Structural Studies on Propertius, AugAge 9, 37–41.

Syndikus, H. P. (1990): Catull. Eine Interpretation, II: Die großen Gedichte (61–68), Darmstadt.

Tarrant, R. J. (1995): Ovid and the Failure of Rhetoric, in: D. Innes u.a. (Hrsg.), Ethics and Rhetoric: Classical Essays for D. Russell on His Seventy-Fifth Birthday, Oxford, 63–74.

Thomas, R. (1988): Turning Back the Clock, CPh 83, 54–69.

Tränkle, H. (1960): Die Sprachkunst des Properz und die Tradition der lateinischen Dichtersprache, Wiesbaden (Hermes Einzelschriften 15).

– (1990): Appendix Tibulliana. Hrsg. und kommentiert, Berlin usw. (Texte und Kommentare 16).

Van Sickle, J. (1974/75): Propertius (*uates*): Augustan Ideology, Topography, and Poetics in Eleg. IV, 1, DArch 8, 116–145.

Veyne, P. (1983): L'élégie érotique romaine. L'amour, la poésie et l'Occident, Paris; engl. Übersetzung: Roman Erotic Elegy: Love, Poetry, and the West, Chicago 1985.

Warden, J. (1980): Fallax Opus: Poet and Reader in the Elegies of Propertius, Toronto usw. (Phoenix Suppl. 14).

Weinlich, B. (1999): Ovids Amores. Gedichtfolge und Handlungsablauf, Stuttgart usw. (Beiträge zur Altertumskunde 128).

White, P. (1993): Promised Verse: Poets in the Society of Augustan Rome, Cambridge, Mass. usw.

Williams, C. A. (1999): Roman Homosexuality: Ideologies of Masculinity in Classical Antiquity, New York usw.

Wimmel, W. (1960): Kallimachos in Rom. Die Nachfolge seines apologetischen Dichtens in der Augusteerzeit (Hermes Einzelschriften 16).

– (1968): Der frühe Tibull, München (Studia et Testimonia Antiqua 6).

– (1976): Tibull und Delia. Erster Teil. Tibulls Elegie 1, 1, Wiesbaden (Hermes Einzelschriften 37).

– (1983): Tibull und Delia. Zweiter Teil. Tibulls Elegie 1, 2, Wiesbaden (Hermes Einzelschriften 47).

Woytek, E. (1995): Die unlauteren Absichten eines Ehrenmannes (Zur Doppelbödigkeit von Ovid, Amores 1, 3), WS 108, 417–438.

Wyke, M. (1987a): The Elegiac Woman at Rome, PCPhS n. s. 33, 153–178.

– (1987b): Written Women: Propertius' *scripta puella*, JRS 77, 47–61.

– (1989a): In Pursuit of Love, the Poetic Self and a Process of Reading: Augustan Elegy in the 1980s, JRS 79, 165–173.

– (1989b): Mistress and Metaphor in Augustan Elegy, Helios 16, 25–47.

– (1989c): Reading Female Flesh: *Amores* 3.1, in: A. Cameron (Hrsg.), History as Text: The Writing of Ancient History, London, 111–143.

- (1992): Augustan Cleopatras: Female Power and Poetic Authority, in: A. Powell (Hrsg.), Roman Poetry and Propaganda in the Age of Augustus, London, 98–140.
- (1994): Taking the Woman's Part: Engendering Roman Love Elegy, Ramus 23, , 110–128.

Zanker, P. (1987): Augustus und die Macht der Bilder, München.

Zetzel, J. E. G. (1996): Poetic Baldness and Its Cure, MD 36, 73–100.

Zimmermann, B. (1994): Ille ego qui fuerim, tenerorum lusor amorum. Zur Poetik der Liebesdichtungen Ovids, in: M. Picone/ B. Zimmermann (Hrsg.), Ovidius redivivus. Von Ovid zu Dante, Stuttgart, 1–21.

PERSONEN- UND SACHREGISTER

Adams, J. N. 43
Antimachos v. Kolophon 6, 7, 38, 63
Antonius, M. 18f., 53
Apuleius 18
Asklepiades v. Samos 9

Blänsdorf, J. 34
Bretzigheimer, G. 116, 129
Brunhölzl, F. 34

Cameron, A. 7
Camps, W. A. 49, 56
Catull 1, 11–15, 17, 26, 29; *16* 13, 26, 137; *65* 14; *66* 2, 8; *68* 11; *85* 136.
Cerinthus 99, 106
Cicero 18f.
Cornutus 91f., 106

Demosthenes 65
Domitius Marsus 25
DuQuesnay, I. M. Le M. 46

Elegie (s. a. Liebeselegie)
  Etymologie 5
  Gattungsgeschichte 4–15, 28f.
  objektiv-erotisch 2
  Papyri 10f., 29
  subjektiv-erotisch 2
  und Klage 5, 47
Epikur 65

Feeney, D. 11

Gallus 31–35
  Datierung 3, 23
  Pap. Qaṣr Ibrîm 33f.
  Sprache 33
  und Augustus 23, 31, 33
  und Vergil 31–33, 34
  Vita 23
Gutzwiller, K. 10

Harrison, S. 41
Haupt, M. 101
Hermesianax v. Kolophon 6
Homer 51, 105
  Ilias 51, 71f., 72
  Odyssee 72, 82
Horaz 25, 37, 40, 62f., 63, 67
Hubbard, T. 48
Hutchinson, G. 45

Kallimachos 7–9, 12, 27, 28, 57, 58, 111f.
  Aitia 2, 7–9, 10, 50, 65, 68
  Epigramme 9
Kallinos v. Ephesos 4
Kierdorf, W. 58
Kleopatra 18, 19, 53, 62

Lachmann, K. 25
Liebeselegie
  Autorenkanon 1
  Erotik 26f., 30, 43, 78, 83, 116

Liebeselegie (Forts.)
  exclusus amator 8f., 9, 26f., 44, 54, 69, 71, 73, 80, 81, 96f., 116f., 118
  foedus aeternum 15f., 21, 32, 56, 81, 89, 117
  hellenistische 10f.
  Intertextualität 27, 51, 63, 73, 94
  Komik 26f., 30, 41, 42, 48, 52, 54, 64, 67, 78, 82f., 84f. 87, 90, 98, 114, 115, 116, 120, 125, 126f., 133
  militia amoris 3f., 16, 32, 42, 81, 118
  Paraklausithyron 9, 44, 117
  persona 1, 13, 26, 46f.
  recusatio 7f., 50f., 58, 62, 96, 105
  servitium amoris 16, 18f., 21, 32f., 38f., 41, 43, 53, 55, 64, 71, 78, 79, 81, 84, 91, 92f., 96, 101, 117, 135
  und Augustus 21–26, 29f., 38, 45–48, 52f., 59, 63f., 68, 69, 72, 74, 94f.
  und Epigramm 9f., 17, 26
  und Kallimachos 7–9, 50f., 57, 58, 65, 68, 111f.
  und Komödie 9, 17, 26, 41, 54, 116, 118, 127, 137
  und Sexualität in Rom 19–21, 62, 69
  Wertesystem 15–17, 27, 29, 32, 34, 56, 64, 73, 98, 115, 117f., 122, 130, 138
  Wirkungsabsicht 22–28
  „womanufacture" 19, 29
  Zeitbezug 17–28

Lygdamus 98–104
Lyne, R. O. A. M. 48

Mäcenas 25, 38, 62
Martial 37, 67
Meleager v. Gadara 9, 10
Menander 9, 41, 65
Messalla 25f., 77f., 80, 84, 85f., 90f., 93f., 97, 98–106
Messalinus 94
Mimnermos v. Kolophon 6, 38

Neumeister, C. 95
Nicholson, N. 47
Norden, E. 102

Ovid
  Amores 110–140; *Epigr.* 111f.; *1.1* 114; *5* 116; *6* 117; *9* 118; *13* 119f.; *2.1* 112f., 120f., *6* 123f.; *9* 124; *10* 124f.; *17* 127; *18* 127–129; *19* 130; *3.1* 130f.; *5* 133 *7* 134f.; *9* 123; *11* 135f.; *12* 137f.; *13* 138; *14* 138f. *15* 120, 139
  Datierung 3
  Erotik 116
  Komik 114, 115, 116, 120, 125, 126f., 133
  und Kallimachos 111f.
  und Komödie 116, 118, 127
  Ars amatoria 24, 26, 64, 102, 107, 129
  Epistulae Heroidum 70, 76, 99, 129
  Fasti 57, 70, 131
  Medea 110f.
  Remedia amoris 26
  Vita 24, 30

Panegyricus Messallae 104f.
Petersmann, G. 34
Philetas v. Kos 6, 51, 57f.
Philodem v. Gadara 9
Platon 65
Plautus 41
Poseidipp v. Pella 9
Properz 36–75; *1.1* 38f.; *2* 40f.; *3* 41; *6* 42f.; *21* 44–48; *22* 44–48; *2.1* 49–51; *15* 52f.; *31* 57; *3.4* 59–61; *5* 59–61; *24* 60f., 66f.; *25* 60f., 66f.; *4.1* 67f.; *2* 69f.; *11* 73f.
  Datierung 3, 25
  Erotik 43
  Gedichttrennung 36, 48f., 75
  Komik 41, 42, 48, 52, 54, 64, 67
  Sprache 36, 75
  Überlieferung 36, 75
  und Augustus 25, 38, 45–48, 52f., 59, 63f., 68, 69, 72, 74
  und Kallimachos 50f., 57, 58, 65, 68
  Vita 25, 30
Pseudo-Tibull 76, 78, 98–109; *3.1–6* 103f.; *7* 104f.; *8–18* 106f.; *13* 100, 106f.
  Datierung 3, 78, 101f.
  Sprache 99, 102, 105, 107
  Wirkungsabsicht 107f.

Quintilian 1, 78

Sharrock, A. 19
Shea, C. 70
Sulpicia 98–109

Theognis 6
Tibull (s. a. Pseudo-Tibull) 76–98; *1.1* 79–81; *2* 81f.; *3* 82f.; *4* 83; *5* 83f.; *6* 84f.; *7* 85f.; *8* 87; *9* 87f.; *10* 88–90; *2.1* 90f.; *2* 91, 106; *3* 91–93; *4* 93; *5* 93–96; *6* 96–98
  Datierung 3, 25
  Erotik 78, 83
  Komik 78, 82f., 84f., 87, 90, 98
  Sprache 78f.
  und Augustus 25f., 94f.
  Vita 25f., 30
Tullus 25, 37, 42f., 45–48
Tyrtaios 4

Valgius 105
Vergil
  Aeneis 63f., 73, 94, 96
  Eclogae 7f., 23, 31–33, 37, 94
  Georgica 65, 94
Volcacius Tullus, L. s. Tullus

Wyke, M. 74

Zanker, P. 57, 69